Tortenglück

TEXT
Christina Richon

Styling und Fotografie
Klaus-Maria Einwanger

Originell und einfach. Da gönnt man sich doch gerne ein Stück, vor allem wenn der Tortentraum so problemlos realisierbar ist. In diesem Kapitel finden Sie unkomplizierte Torten, die genauso schnell gegessen wie gemacht sind. Auch ungeübte Tortenbäcker können sich getrost an die Rezepte heranwagen und ihre Gäste mit den selbst gebackenen Torten beeindrucken.

Superfruchtige Tortenschönheiten im Farbspiel der Jahreszeiten. Jede Saison hat ihre reifen Schätze und lädt zum einfachen Backgenuss ein. Mit frischen Früchten in Rot, Blau, Orange, Grün steht einem optisch großen Auftritt nichts mehr im Weg. Hier finden Sie bunte Ideen für Ihre Kaffeetafel voller Sonnenschein und Sommeraroma.

Unvergleichlich die sahnig-fruchtige Schwarzwälder Kirschtorte oder der Traum für Schokoladenfans: die Schokosahne mit feiner Schokolade im Biskuit und in der Füllung. Für diesen Genuss müssen Sie schon ein bisschen Zeit investieren – aber es lohnt sich auf jeden Fall, denn das Ergebnis begeistert alle und krönt Sie zum Torten-Künstler!

Hier duftet es nach Rosen, Orangenblüten, Tonkabohnen, Koriander, Anis … Für den besonderen Anlass legt man sich gerne etwas ins Zeug. Aber keine Angst: die kleinen Kunstwerke sind leicht nachzumachen. Diese Torten-Beauties sehen einfach hinreißend aus und ihre Aromen betören die Sinne.

1
2
3
4
5
6
7
8
9

Zubehör für Tortenbäcker

1 | Handrührgerät

Knethaken und Quirle zum Wechseln sind ein absolutes Muss für Tortenbäcker. Sie kneten feste Teige und schlagen Rührteig, Biskuit, Eischnee und Sahne schaumig bzw. steif. Für Vielbäcker ist die Anschaffung einer Küchenmaschine mit Schlagbesen und Knethaken auf jeden Fall eine Überlegung wert.

2 | Messbecher

Mit feiner Einteilung dient er zur präzisen Dosierung von Flüssigkeiten.

3 | Schüsseln

Einige Schüsseln in unterschiedlichen Größen zum Abmessen und Rühren gehören zur Grundausstattung. In den großen können Sie den Teig rühren oder Schaummassen schlagen, in kleineren abgemessene Zutaten zwischenlagern. Schüsseln aus Metall sind sehr stabil und hitzebeständig, deshalb können sie gut ins heiße Wasserbad gestellt werden.

4 | Backformen

Die runden **Springformen** mit 18–28 cm Ø sowie die eckigen Varianten – von rechteckig bis quadratisch in den unterschiedlichsten Größen – haben einen separat aufsetzbaren, glatten, hohen Rand. Beim Tortenbacken kann dieser auch mal als Ersatz für einen Tortenring gute Dienste tun. Durch den seitlichen Verschluss des Randrings kann die Torte gut aus der Form gelöst werden. **Obstkuchenformen** eignen sich zum Backen von Biskuitböden. Sie sind mit 26–30 cm Ø erhältlich und haben einen gewellten Rand. Die Backform mit der im Rezept angegebenen Größe fehlt in Ihrem Sortiment? Eine Umrechnungstabelle finden Sie auf Seite 125.

5 | Digitale Küchenwaage

Sie macht das Abwiegen der Zutaten zum Kinderspiel. Genaues Abmessen ist fürs Gelingen von Backwerken besonders wichtig. Am besten ein Modell mit einer Zumessfunktion wählen.

6 | Schneebesen

Ein stabiles Exemplar darf nicht fehlen, um Mehl, gemahlene Nüsse, Kokosflocken oder Schokoraspel unter schaumige Massen zu heben.

7 | Teigspatel

Mit seiner Hilfe ist das Unterheben von Eischnee oder Mehl unter die Teigmasse überhaupt kein Problem. Außerdem holt er auch noch den letzten Teigrest aus der Schüssel.

8 | Küchensieb

Mit ihm werden Mehl, Stärke, Kakao oder Puderzucker gleichmäßig und ganz fein in die Rührschüssel gesiebt. Der Teig wird lockerer, wenn Sie das Mehl durchsieben.

9 | Backpinsel

Mit seinen Natur-, Silikon- oder Kunsthaarborsten übernimmt er die Malerarbeiten in der Backstube: Das Tränken von Biskuitböden, das Glasieren von Torten mit Konfitüre oder Schokolade und das Einfetten der Backformen gelingen mit ihm am besten.

Tortenbacken Schritt für Schritt

1 | Backformen vorbereiten

Bei **Springformen** verhindert ein Bogen Backpapier das Festkleben von Mürbeteig, Biskuit und Rührteig. Dazu legen Sie das Papier reichlich überlappend auf den Formboden und klemmen es mit dem aufgesetzten Rand ein. Überstehendes Papier abschneiden. Aus einer **Obstkuchenform** löst sich der gebackene Boden am besten, wenn Sie diese mit weicher Butter ausstreichen und dünn mit Mehl ausstreuen. Nun vor dem Einfüllen des Teigs die Form noch kurz umdrehen, damit das überschüssige Mehl herausfällt.

2 | Teig einfüllen

Schaumige **Biskuitteige** sollten sofort gebacken werden, sonst verliert der Teig seine Luftigkeit. Nach dem Einfüllen des Teigs in die vorbereitete Form die Oberfläche mit einem Teigspatel glatt streichen und den Teig sofort backen. **Mürbeteige** können in einer geschlossenen Schüssel oder in Folie gewickelt einen Tag kalt gestellt und erst dann in die Backform eingepasst und gebacken werden.

3 | Backen

Den Backofen rechtzeitig auf die angegebene Temperatur vorheizen. Beim Backen mit **Umluft** ist ein Vorheizen in der Regel nicht notwendig – außer die Backzeit ist kürzer als 15 Minuten; zudem liegt die erforderliche Temperatur um ca. 20° niedriger als beim Backen mit **Ober- und Unterhitze.** Die meisten Torten werden in der Ofenmitte gebacken. Bitte während des Backens die Ofentür lieber nicht öffnen, da der Teig zusammenfallen könnte. Falls die Tortenoberfläche zu dunkel wird, die Teigmitte aber noch nicht durchgebacken ist, können Sie einfach einen Bogen Backpapier darüberlegen.

4 | Garprobe

Kurz vor Ende der Backzeit sollten Sie prüfen, ob die Torte durchgebacken ist: Das machen Sie mit einer **Stäbchenprobe.** Dazu ein Holzstäbchen in die Mitte der Torte stecken und wieder herausziehen. Klebt kein Teig am Stäbchen, ist die Torte fertig.

5 | Nach dem Backen

Gebackene Torte aus dem Backofen nehmen und in der Form ca. fünf Minuten abkühlen lassen. Dann mit einem nicht zu spitzen Messer am Rand entlangfahren und den Teig vom Formrand lösen.
Die **Springform** öffnen, den Rand entfernen, die Torte mit einer großen Palette oder einem Tortenheber vom Backpapier bzw. Formboden lösen und abnehmen. Biskuittorten lassen sich auch stürzen, danach können Sie das Backpapier langsam abziehen.
Die Torte auf einem Kuchengitter ganz auskühlen lassen.
Um die Torte durchschneiden zu können, muss sie ganz erkaltet sein. Bei einer **Obstbodenform** den Teig mit einem Messer vorsichtig vom Wellenrand lösen, auf ein Gitter stürzen und die Form vorsichtig abnehmen. Einen Biskuitboden können Sie schon am Vortag backen und dann in einer Kuchenbox bis zum Weiterverarbeiten lagern.

Biskuittorte

locker, luftig, leicht

Für 1 Springform von 24–26 cm Ø den Boden der Form mit Backpapier auslegen, den Rand nicht fetten. Den Backofen auf 180° vorheizen. **4 Eier** mit **4 EL warmem Wasser, 150 g Zucker, 1 Prise Salz** und der **abgeriebenen Schale von 1 Bio-Zitrone** ca. 8 Min. mit den Quirlen des Handrührgeräts hellschaumig schlagen. **100 g Mehl, 100 g Speisestärke** und **2 TL Backpulver** darübersieben und mit einem Spatel locker unterarbeiten. Teig in die Form füllen, glatt streichen und im heißen Ofen (Mitte, Umluft 160°) 30–35 Min. backen. Stäbchenprobe (s. S. 6)! Biskuit herausnehmen, 5 Min. abkühlen lassen und mit einem Messer vom Rand lösen. Den Formrand abnehmen, Biskuit auf ein Kuchengitter stürzen, Backpapier abziehen und den Boden auskühlen lassen.

Blitz-Biskuit

einfach und schnell

Für 1 Springform von 24–26 cm Ø den Boden der Form mit Backpapier auslegen, den Rand nicht fetten. Den Backofen auf 200° vorheizen. **3 Eier** mit **4 EL warmem Wasser, 75 g Zucker** und **1 Prise Salz** ca. 5 Min. mit den Quirlen des Handrührgeräts hellschaumig schlagen. **100 g Mehl** mit **2 TL Backpulver** darübersieben und mit einem Spatel locker unterarbeiten. **4 EL neutrales Öl** zügig unterrühren. Den Teig in die Form füllen, glatt streichen und im heißen Ofen (Mitte, Umluft 180°) ca. 20 Min. backen. Stäbchenprobe (s. S. 6)! Biskuit herausnehmen, 5 Min. abkühlen lassen und mit einem Messer vom Rand lösen. Den Formrand abnehmen, Biskuit auf ein Kuchengitter stürzen, Backpapier abziehen und den Boden auskühlen lassen.

Butterbiskuit

mit feinem Butteraroma

Für 1 Springform von 24–26 cm Ø den Boden der Form mit Backpapier auslegen, den Rand nicht fetten. Den Backofen auf 200° vorheizen. **50 g Butter** in einem Topf schmelzen, abkühlen lassen. Dann **3 Eier** mit **4 EL warmem Wasser, 75 g Zucker** und **1 Prise Salz** ca. 5 Min. mit den Quirlen des Handrührgeräts hellschaumig schlagen. **100 g Mehl** mit **2 TL Backpulver** darübersieben und mit einem Spatel locker unterarbeiten. Flüssige Butter zügig unterrühren. Den Teig in die Form füllen, glatt streichen und im heißen Ofen (Mitte, Umluft 180°) ca. 20 Min. backen. Stäbchenprobe (s. S. 6)! Biskuit herausnehmen, 5 Min. abkühlen lassen und mit einem Messer vom Rand lösen. Den Rand abnehmen, Biskuit auf ein Gitter stürzen, Papier abziehen und den Boden auskühlen lassen.

Schokoladenbiskuit

mit fein-herbem Kakao

Für 1 Springform von 24–26 cm Ø den Boden der Form mit Backpapier auslegen, den Rand nicht fetten. Den Backofen auf 180° vorheizen. **4 Eier** mit **4 EL warmem Wasser, 150 g Zucker** und **1 Prise Salz** ca. 8 Min. mit den Quirlen des Handrührgeräts hellschaumig schlagen. **100 g Mehl, 70 g Speisestärke, 30 g Kakaopulver** und **2 TL Backpulver** darübersieben und mit einem Spatel locker unterarbeiten. Den Teig in die Form füllen, glatt streichen und im heißen Ofen (Mitte, Umluft 160°) 30–35 Min. backen. Stäbchenprobe (s. S. 6)! Biskuit herausnehmen, 5 Min. abkühlen lassen und mit einem Messer vom Rand lösen. Den Formrand abnehmen, Biskuit auf ein Kuchengitter stürzen und das Backpapier abziehen. Anschließend den Boden auskühlen lassen.

Mürbeteigboden

knusprig und buttrig

Für 1 Springform von 24–26 cm Ø **250 g Mehl, 50 g Zucker, 1 Prise Salz** und die **abgeriebene Schale von 1 Bio-Zitrone** in eine Schüssel geben. **125 g kalte Butter klein würfeln** und mit **1 Ei** dazugeben. Alle Zutaten mit den Händen rasch zu einem glatten Teig verkneten. Teig abgedeckt ca. 1 Std. kalt stellen. Den Backofen auf 200° vorheizen. Den Boden der Form mit Backpapier auslegen. Den Teig auf bemehlter Arbeitsfläche zu einem Kreis ausrollen, der etwas größer als der Formdurchmesser ist. Teigkreis in die Form legen, einen Rand von ca. 3 cm Höhe formen. Boden mehrmals mit einer Gabel einstechen, im heißen Ofen (Mitte, Umluft 180°) in ca. 20 Min. goldgelb backen, herausnehmen, in der Form auskühlen lassen. Mithilfe eines Tortenhebers auf eine Platte legen.

Streuselboden

fix zerkrümelt

Für 1 Springform von 24–26 cm Ø den Boden der Form mit Backpapier auslegen. Den Backofen auf 200° vorheizen. **1 Bio-Zitrone** heiß waschen, trocken reiben und die Schale fein abreiben. **130 g kalte Butter** in kleine Würfel schneiden. **200 g Mehl, 65 g Puderzucker, 1 Prise Salz** und die Zitronenschale in einer Schüssel mischen. Die Butter rasch unterkneten und den Teig mit den Fingerspitzen zu kleinen Streuseln zerkrümeln. Die Streusel auf dem Formboden verteilen, leicht andrücken. Den Streuselboden im heißen Ofen (Mitte, Umluft 180°) in ca. 18 Min. goldgelb backen, dann herausnehmen und in der Form auskühlen lassen. Mithilfe eines Tortenhebers auf eine Platte legen.

Krümelboden

einfach und wandelbar

Für 1 Torte von 24–26 cm Ø **125 g Butter** in einem kleinen Topf schmelzen. **150 g Löffelbiskuits** in einen Gefrierbeutel geben, diesen verschließen und die Löffelbiskuits mit einem Teigroller zerdrücken. Die Brösel mit der Butter verkneten. Einen Tortenring auf den gewünschten Durchmesser einstellen und auf eine Tortenplatte stellen. Die Bröselmasse fest in den Ring hineindrücken. Der Krümelboden kann zusätzlich mit der abgeriebenen **Schale von 1 Bio-Zitrone, -Limette** oder **-Orange** oder mit **1 Msp. Zimtpulver** verfeinert werden.
Für dieses Rezept eigenen sich alle trockenen Kekssorten, wie **Butter-, Vollkorn-, Schokoladenkekse, Löffelbiskuits, Zwieback, Amarettini** und **Cantuccini.**

Rührteigböden

die Hochstapler unter den Tortenböden

Für 1 Springform von 24–26 cm Ø den Boden der Form mit Backpapier auslegen. Den Backofen auf 180° vorheizen. **250 g weiche Butter** mit **250 g Zucker** mit den Quirlen des Handrührgeräts hellcremig rühren, bis sich der Zucker ganz aufgelöst hat. Das Mark von **1 Vanilleschote** (s. S. 102, Bild 1) und **1 Prise Salz** zur Buttermasse geben. **4 Eier** nach und nach unterrühren. **250 g Mehl** mit **1 TL Backpulver** darübersieben und zügig unterarbeiten. Dann ca. 2 1/2 EL Teig auf den Formboden streichen und im heißen Ofen (Mitte, Umluft 160°) in 10–12 Min. goldgelb backen. Herausnehmen, auf ein Gitter stürzen, das Papier abziehen und dieses erneut in die Form einspannen. Diesen Vorgang fünfmal wiederholen, sodass sechs Böden entstehen. Böden auskühlen lassen.

Gewusst wie – Zuckerbäckerei leicht gemacht

1 | Backformgrößen

Oft hat man eine andere Formgröße als im Rezept angegeben. Solange der Unterschied nur eine Größe beträgt (z. B. 24 statt 26 cm Ø), macht das nichts aus. Weicht die Formgröße mehr ab, muss man umrechnen (s. Tabelle S. 125).

2 | Tortenböden vorbacken

Biskuit schmeckt am besten und lässt sich auch leichter durchschneiden, wenn der gebackene Teig einen Tag ruhen konnte, bevor er weiterverarbeitet wird. Zeit und Energie spart es auch, wenn gleich zwei oder mehrere Biskuitböden nacheinander gebacken werden.

3 | Eigröße

Eier werden in verschiedenen Größen angeboten. Für die Rezepte in diesem Buch sind Eier der Größe M (53–63 g) optimal. Wer größere verwendet, nimmt einfach 1 Ei weniger, wer kleinere im Haus hat, nimmt 1 Ei mehr als im Rezept angegeben.

4 | Backpulver

Normales Backpulver enthält Phosphat und Natron, die während des Backens Kohlendioxid freisetzen. Dabei entstehen Gasbläschen, die das Gebäck locker machen. Die gesündere Alternative ist Weinstein-Backpulver. Es enthält kein Phosphat, dafür natürliche Weinsteinsäure, die den Teig schön in die Höhe treibt und außerdem kein stumpfes Gefühl auf den Zähnen hinterlässt.

5 | Torten einfrieren

Auf Vorrat gebackene Tortenböden können Sie gut in Folie eingepackt oder in einer Kuchenbox einfrieren. Bei Bedarf einfach auftauen lassen und anschließend nach Rezept oder Lust und Laune mit Creme, Mousse, Obst, Schokolade, … füllen, belegen, bestreichen und garnieren. Fertigen Torten mit Buttercreme- oder Sahne-Füllungen kann der Frost ebenfalls nichts anhaben. Torten mit gelatine- oder eihaltigen Füllungen mögen die Kälte jedoch nicht und sollten deshalb nicht tiefgefroren werden.

6 | Torten aufbewahren

Torten mit Sahne, Creme und/oder Obst gehören in den Kühlschrank, dort halten sie sich ein bis zwei Tage frisch. Die Torte immer mit einer Haube abdecken, damit sie nicht den Geschmack von anderen Lebensmitteln annimmt.

7 | Sahne

Soll Sahne steif geschlagen werden, muss sie gut gekühlt sein. An heißen Tagen auch die Rührschüssel und die Quirle vor dem Schlagen der Sahne kurz in den Tiefkühler stellen.

8 | Schokodeko

Wer die Torte mit Schokolade oder Guss besprenkeln möchte, kann einen Spritzbeutel mit kleiner Lochtülle, eine saubere Plastikspritze oder einen kleinen Gefrierbeutel verwenden. Besonders praktisch: Die Schokolade kann direkt im Beutel in einem heißen Wasserbad geschmolzen werden. Dann an einer Beutelecke eine kleine Spitze abschneiden und die Torte verzieren (s. Bild S. 13).

Vanille-Buttercreme

schmilzt auf der Zunge

Für ca. 900 g von **1/2 l Milch** 6 EL abnehmen und mit **45 g Speisestärke** und **100 g Zucker** verrühren. **1 Vanilleschote** längs halbieren und das Mark mit einem Messer herauskratzen (s. S. 102, Bild 1). Restliche Milch in einem Topf mit dem Vanillemark und der -schote zum Kochen bringen. Angerührte Stärke in die kochende Milch rühren und einige Male aufpuffen lassen. Vanilleschote entfernen. Flammeri abkühlen lassen, dabei ab und zu umrühren, damit sich keine Haut bildet. **250 g weiche Butter** mit den Quirlen des Handrührgeräts cremig rühren und dabei esslöffelweise den zimmerwarmen Flammeri unterrühren.

Frischkäse-Buttercreme

blitzschnell gerührt

Für ca. 400 g **200 g weiche Butter** mit **6 EL Puderzucker** hellcremig rühren. **200 g Doppelrahmfrischkäse** nach und nach unterrühren. Zum Schluss **2–3 EL frisch gepressten Orangensaft** untermengen. Je nach Tortenrezept kann diese Creme auch mit anderem Fruchtsaft zubereitet werden, z. B. mit frisch gepresstem Zitronensaft, mit fein gemixten, passierten Beeren oder mit durch ein Sieb gestrichenem Passionsfruchtmark.

Mascarpone-Fruchtcreme

schnell und fruchtig

Für ca. 400 g **125 g frische oder TK-Beeren** oder **125 g gewaschenes, geputztes, bei Bedarf entsteintes und in kleine Stücke geschnittenes Obst** (z. B. Aprikosen, Pfirsiche, Kirschen, Bananen mit etwas Zitronensaft, Mangos, Äpfel, Birnen) mit je **4 EL Wasser** und **Puderzucker** in einem Topf unter Rühren langsam zum Kochen bringen und ca. 4 Min. bei schwacher Hitze köcheln, dann 10 Min. abkühlen lassen. **250 g Mascarpone** mit einem Pürierstab untermixen, bis eine glatte Creme entsteht. Diese nochmals mit Puderzucker abschmecken und mindestens 30 Min. kalt stellen. Soll die Torte noch rundum mit der Creme bestrichen werden, muss die Menge verdoppelt werden.

Lemon Curd

Creme-Vorrat im Glas

Für ca. 500 g die abgeriebene Schale und den Saft von **1 großen Bio-Zitrone** mit **200 g Zucker, 2 Eiern, 100 g Butter** und **1 Prise Salz** in ein sauberes, dickwandiges Einmach-, Marmeladen- oder Joghurtglas (ca. 1/2 l Inhalt) mit weiter Öffnung geben. Das Glas in einen Topf stellen und diesen bis zur Glasmitte mit heißem Wasser füllen. Das Wasser aufkochen. Derweil mit einem kleinen Schneebesen die Zutaten im Glas rühren, bis das Wasser kocht. Auf mittlerer Hitze (das Wasser muss weiterköcheln) die Masse 20–25 Min. weiterrühren, bis sie cremig wird. Das Glas herausnehmen und abkühlen lassen. Gut verschlossen und gekühlt hält sich das Lemon Curd ca. 10 Tage.

1

2

3

4

5

6

Praktische Helfer für den letzten Schliff

1 | Spritzbeutel mit Tüllen & Tortenkamm

Perfekt wie von Meisterhand dekoriert sehen Sahne- oder Cremetupfer aus, wenn man sie mit einem **Spritzbeutel** mit verschiedenen Tüllen auf eine Torte spritzt. Am besten eignen sich Stern- oder Lochtüllen aus Edelstahl. Sie sind stabil, lassen sich leicht reinigen und austauschen. Ideal ist ein Spritzbeutel aus beschichtetem Stoff, weil er ausgekocht werden kann. Ein Einweg-Spritzbeutel aus Plastikfolie funktioniert aber genauso gut und ist sogar besser geeignet, wenn geschmolzene Kuvertüre oder eine Glasur in feinen Linien auf die Torte aufgetragen werden soll. Noch mehr Verzierung gewünscht? Der **Tortenkamm** zaubert hübsche Wellen- und Zackenmuster in die Creme oder die Schokoladenglasur.

2 | Zestenreiser

Er löst feine Schalenstreifen von Zitronen, Orangen oder Limetten, die Teige fein aromatisieren oder sich apart als Dekoration auf Torten machen.

3 | Tortenbodenschneider & Tortenheber

Der **Tortenbodenschneider** teilt mit seinen höhenverstellbaren Sägedrähten eine Torte unfallfrei in mehrere Schichten. Man kann die einzelnen Lagen aber auch mit einem langen, scharfen Sägemesser oder mit einem Stück festem Bindfaden durchschneiden. Dazu den Tortenboden auf gewünschter Höhe rundum mit einem Messer einritzen. Den Bindfaden in den Schnitt legen und dann über Kreuz zusammenziehen. Tortentransport leicht gemacht: Der **Tortenheber** ist – egal, ob rund oder eckig – der ideale Helfer, um Torten aus der Springform auf die Tortenplatte zu hieven. Besonders stabil und unverwüstlich sind Modelle aus Edelstahl.

4 | Kuchenteiler

So nennt sich eine Art Schablone aus Plastik oder Edelstahl, die kurz auf die fertige Torte gedrückt wird. Sie markiert, wie groß die einzelnen Stücke geschnitten werden können und ist mit 12- bis 18-Stück-Einteilung erhältlich.

5 | Tortenring & Palette

Der **Tortenring** gibt Füllungen, die noch fest werden müssen, auf Tortenböden perfekten Halt. Außerdem bietet er Hilfestellung, wenn es darum geht, Torten aus verschiedenen Lagen zusammenzusetzen. Ein verstellbarer Ring aus Edelstahl passt sich jedem Tortendurchmesser an. Fürs perfekte Tortenfinish kommt dann noch die **Palette** zum Einsatz – eine Art breitschneidiges, aber stumpfes Universalmesser aus biegsamem Stahl. Die Palette wird benutzt, um Tortenböden und -ränder mit Creme- oder Sahnefüllungen zu bestreichen.

6 | Mikroreibe

Ihre kleinen scharfen Spitzen reiben nicht nur frische Kokosnuss, Schokolade und Gewürze, wie z. B. Muskatnuss oder Tonkabohne, im Handumdrehen perfekt fein, auch das Abreiben der aromatischen Schalen von Zitronen, Limetten und Orangen gelingt mit ihr ganz leicht.

DIE UNKOMPLIZIERTEN – KINDERLEICHTER TORTENSPASS

Originell und einfach. Da gönnt man sich doch gerne ein Stück, vor allem wenn der Tortentraum so problemlos realisierbar ist. In diesem Kapitel finden Sie unkomplizierte Torten, die genauso schnell gegessen wie gemacht sind. Auch ungeübte Tortenbäcker können sich getrost an die Rezepte heranwagen und ihre Gäste mit den selbst gebackenen Torten beeindrucken.

Fruchtige Haselnusstorte

feine Zitruscreme trifft auf zarten Nussbiskuit

Zubereitung: ca. 45 Min. | Backen: ca. 25 Min. | Kühlen: mind. 2 Std.

Für 1 Springform von 26 cm Ø (16 Stücke)

Für den Teig:

4 Eier (Größe M)
Salz | 75 g Zucker
1 Päckchen Vanillezucker
1 TL Zimtpulver
100 g gemahlene Haselnüsse
50 g Mehl
25 g Speisestärke
1 1/2 TL Backpulver

Für die Creme:

1 Bio-Zitrone
1 Bio-Orange
200 g weiche Butter
100 g Puderzucker
3 Päckchen Sahnesteif
3 frische Eier (Größe M)

Für die Garnitur:

125 g Sahne
8 Physalis (Kapstachelbeeren)
2 EL gehobelte Haselnüsse

Gut zu wissen

Wegen der rohen Eier in der Creme sollte die Torte gut gekühlt aufbewahrt und rasch verzehrt werden.

1 Den Boden der Form mit Backpapier auslegen. Den Backofen auf 180° vorheizen. Für den Teig die Eier trennen. Die Eiweiße mit 1 Prise Salz leicht schlagen, dann nach und nach 25 g Zucker zugeben und weiterschlagen, bis ein steifer Schnee entstanden ist. Eigelbe mit restlichem Zucker, Vanillezucker, Zimt und 4 EL warmem Wasser mit den Quirlen des Handrührgeräts hellschaumig schlagen. Von den Haselnüssen 2 gehäufte EL abnehmen. Eischnee und restliche Nüsse auf die Eigelbcreme geben. Mehl, Stärke und Backpulver darübersieben, alles mit einem Spatel locker untermischen. Den Teig in die Form füllen, glatt streichen, mit den übrigen gemahlenen Haselnüssen bestreuen und im heißen Ofen (Mitte, Umluft 160°) ca. 25 Min. backen. Herausnehmen, 5 Min. abkühlen lassen, vorsichtig aus der Form und vom Backpapier lösen und mithilfe eines Tortenhebers auf ein Gitter legen. Biskuit auskühlen lassen.

2 Für die Creme die Zitrusfrüchte heiß waschen, trocken reiben und die Schale der ganzen Zitrone und der halben Orange fein abreiben. Saft der Zitrone auspressen. Die Butter mit Schalenabrieb, Puderzucker und Sahnesteif hellcremig rühren. Den Zitronensaft zusammen mit den Eiern nach und nach unterrühren.

3 Biskuitboden einmal quer durchschneiden. Den unteren Boden auf eine Tortenplatte legen. Die Zitruscreme auf den unteren Boden streichen, 3 EL für den Rand übrig lassen. Den zweiten Boden auflegen, den Rand der Torte mit der restlichen Creme bestreichen und mit einem Tortenkamm verzieren. Für die Garnitur die Sahne steif schlagen und in einen Spritzbeutel mit Lochtülle füllen. 16 Sahnetupfen auf die Torte setzen und diese abwechselnd mit Physalis und Haselnüssen garnieren. Torte mindestens 2 Std. kalt stellen.

Preiselbeerschaumtorte

schoko-fruchtige Liaison | *Zubereitung: ca. 40 Min.* | *Backen: ca. 35 Min.* | *Kühlen: mind. 4 Std.*

Für 1 Springform von 26 cm Ø (16 Stücke)

Für den Teig:

90 g Zartbitterschokolade (70 % Kakaogehalt)
4 Eier (Größe M)
Salz | 20 g Zucker
90 g weiche Butter
80 g Puderzucker
90 g gemahlene Haselnüsse
20 g Semmelbrösel
1/4 TL gemahlene Nelken
1/2 TL Zimtpulver

Für die Creme:

2 Blätter weiße Gelatine
100 g Preiselbeerkonfitüre
60 g Puderzucker
250 g Sahne

Für die Garnitur:

4 EL Zucker
80 g Preiselbeeren (frisch oder TK)
4 EL Schokoladenspäne

1 Den Boden der Form mit Backpapier auslegen. Den Backofen auf 180° vorheizen. Für den Teig die Schokolade in Stücke brechen, über einem heißen Wasserbad schmelzen (s. S. 56, Bild 1), ca. 10 Min. abkühlen lassen. Eier trennen. Die Eiweiße mit 1 Prise Salz leicht schlagen, dann nach und nach den Zucker zugeben und weiterschlagen, bis ein steifer Schnee entstanden ist. Butter und Puderzucker mit den Quirlen des Handrührgeräts hellcremig rühren. Die Eigelbe und die geschmolzene Schokolade nach und nach einrühren. Nüsse, Semmelbrösel, Nelken, Zimt und Eischnee mit einem Spatel unter die Eigelbmasse mischen.

2 Den Teig in die Form füllen, glatt streichen und im heißen Ofen (Mitte, Umluft 160°) ca. 35 Min. backen. Den fertigen Boden herausnehmen, 5 Min. abkühlen lassen, vorsichtig aus der Form lösen, auf ein Gitter stürzen, das Backpapier abziehen und den Boden auskühlen lassen.

3 Für die Creme die Gelatine nach Packungsangabe in kaltem Wasser einweichen, ausdrücken und in einem kleinen Topf bei schwacher Hitze auflösen. Die Konfitüre mit dem Puderzucker verrühren, dann die Gelatine mit einem Schneebesen unterrühren. Die Sahne steif schlagen und unterziehen. Den Biskuit auf eine Platte legen, mit einem Tortenring umschließen. Die Creme auf den Boden streichen und die Torte mindestens 4 Std. kalt stellen.

4 Für die Garnitur den Zucker mit 2 EL Wasser zum Kochen bringen und weiterkochen, bis sich der Zucker aufgelöst hat. Die Preiselbeeren dazugeben und alles unter vorsichtigem Rühren nochmals aufkochen. Zugedeckt 5 Min. ziehen, dann auskühlen lassen. Kurz vor dem Servieren den Tortenring entfernen und die Torte mit den Beeren, dem entstandenen Sirup und den Schokospänen dekorieren.

Getränkte Pistazientorte

wunderbar saftig | *Zubereitung: ca. 45 Min.* | *Backen: ca. 35 Min.* | *Ruhen: mind. 12 Std.*

Für 1 Springform von 24 cm Ø (14 Stücke)

Für den Teig:

80 g Butter
4 Eier (Größe M)
Salz | 160 g Zucker
1 Bio-Orange
75 g Mehl
25 g Speisestärke
1 TL Backpulver

Zum Tränken:

200 ml frisch gepresster Orangensaft (ca. 3 Orangen)

Für die Füllung:

250 g Mascarpone (ital. Frischkäse)
25 g fein gehackte Pistazienkerne
1 Päckchen Vanillezucker
4 EL Orangenlikör oder Orangensaft
1–3 EL frisch gepresster Zitronensaft
4 gehäufte EL Orangenmarmelade

Für die Garnitur:

50 g Pistazienkerne

1 Den Boden der Form mit Backpapier auslegen. Den Backofen auf 180° vorheizen. Für den Teig die Butter in einem Topf bei mittlerer Hitze schmelzen und abkühlen lassen. Die Eier trennen. Die Eiweiße mit 1 Prise Salz steif schlagen. Eigelbe und Zucker mit den Quirlen des Handrührgeräts hellschaumig schlagen. Die Orange heiß waschen, trocken reiben und die Schale fein abreiben. Den Eischnee mit der Orangenschale auf die Eigelbmasse geben. Mehl, Stärke und Backpulver darübersieben, alles mit einem Spatel locker vermischen. Die abgekühlte Butter rasch untermengen.

2 Den Teig in die Form füllen, glatt streichen und im heißen Ofen (Mitte, Umluft 160°) 30–35 Min. backen. Dann herausnehmen, 5 Min. abkühlen lassen, aus der Form lösen, auf eine Platte stürzen und das Backpapier abziehen.

3 Den Biskuit wieder umdrehen. Den Orangensaft zum Tränken durch ein Teesieb gießen und den noch warmen Kuchen damit bepinseln. Den getränkten Biskuit am besten über Nacht durchziehen lassen.

4 Für die Füllung den Mascarpone mit Pistazien, Vanillezucker und Likör oder Saft mit den Quirlen des Handrührgeräts cremig rühren. Je nach Festigkeit so viel Zitronensaft dazugeben, bis die Creme streichfähig ist. 2 gehäufte EL Creme beiseitestellen. Den Biskuitboden einmal quer durchschneiden. Den unteren Boden zuerst mit Orangenmarmelade, dann mit der Mascarponecreme bestreichen. Den zweiten Boden auflegen und mit der beiseitegestellten Creme bestreichen. Die Pistazien für die Garnitur mittelgrob hacken und die Torte damit bestreuen.

1

2

3

Lebkuchen-Torte

schmeckt auch als Dessert | *Zubereitung: ca. 35 Min.* | *Marinieren: mind. 12 Std.* | *Kühlen: mind. 4 Std.*

Für 1 Tortenring von 24 cm Ø (12 Stücke)

Für die marinierten Früchte:

2 Orangen
2 Blutorangen
2 Clementinen
1 Bio-Zitrone
3 EL Rohrzucker
1/4 TL Zimtpulver

Für den Boden:

1 Grundrezept Krümelboden (Rezept s. S. 11) aus 150 g Spekulatius-Keksen und 80 g Butter

Für die Creme:

4 Blätter weiße Gelatine
250 g Sahne
250 g Mascarpone (ital. Frischkäse)
250 g Magerquark
40 g Zucker
3 EL flüssiger Honig
Mark von 1/2 Vanilleschote
1 TL Lebkuchengewürz

1 Für die marinierten Früchte die Orangen und Clementinen mit einem scharfen Messer so schälen, dass die weiße Haut mit abgelöst wird (**Bild 1**). Nun die Fruchtfilets zwischen den Trennhäuten herausschneiden (**Bild 2**) und in eine flache Schale legen. Die Zitrone heiß waschen, trocken reiben und die Schale fein abreiben. Den Saft der halben Zitrone auspressen und über die Filets gießen. Zitronenschale, Zucker und Zimt darüberstreuen. Die Filets zugedeckt mindestens 12 Std. im Kühlschrank marinieren.

2 Aus Spekulatius-Keksen und Butter einen Krümelboden wie im Grundrezept auf Seite 11 beschrieben herstellen und fest in den Tortenring hineindrücken (**Bild 3**). Dabei 2 EL Brösel für die Garnitur beiseitestellen, bevor die Butter untergemischt wird.

3 Für die Creme die Gelatine nach Packungsangabe in kaltem Wasser einweichen. Sahne steif schlagen. Mascarpone, Quark, Zucker, Honig, Vanillemark und Lebkuchengewürz mit den Quirlen des Handrührgeräts verrühren. Gelatine ausdrücken, in einem Topf bei schwacher Hitze auflösen, mit 3 EL Creme verrühren und dann unter die restliche Creme rühren. Die Sahne unterheben und die Creme auf dem Boden verteilen. Die Torte mindestens 4 Std. kalt stellen, dann den Tortenring entfernen. Die Torte kurz vor dem Servieren mit den beiseitegestellten Spekulatiusbröseln bestreuen. Die marinierten Früchte dazu reichen. Ein Teil kann auch zur Dekoration der Torte verwendet werden.

Clever variieren

Außerhalb der Lebkuchenzeit schmeckt die Torte auch sehr fein mit zerkrümelten **Amarettini (italienische Mandelkekse).** Das Lebkuchengewürz kann durch **Zimtpulver** ersetzt werden. **2–3 EL Mandellikör (z. B. Amaretto)** in der Creme geben einen italienischen Touch.

Karamellperlen-Torte

schnelle Knuspertorte mit Apfelfüllung | *Zubereitung: ca. 30 Min.* | *Backen: ca. 40 Min.*

Für 1 Springform von 26 cm Ø (16 Stücke)

Für den Teig:

300 g Mehl
2 TL Backpulver
180 g Zucker
100 g kalte Butter
1 Ei (Größe M)

Für die Füllung:

800 g säuerliche Äpfel (z. B. Boskop)
1/2 TL Zimtpulver
1 Päckchen Vanillezucker

Für die Garnitur:

2 EL Hagelzucker
250 g Sahne
125 g Schmand

1 Den Boden der Form mit Backpapier auslegen. Den Backofen auf 180° vorheizen. Für den Teig Mehl, Backpulver und Zucker in eine Schüssel geben. Die Butter in kleine Stücke schneiden und mit dem Ei dazugeben. Mit den Fingerspitzen alle Zutaten zerkrümeln (s. S. 110, Bild 2), bis kleine Streusel entstehen. Zwei Drittel der Streusel als Boden in die Form drücken.

2 Für die Füllung die Äpfel schälen, vierteln und ohne Kerngehäuse klein würfeln. Apfelwürfel auf dem Boden verteilen und mit Zimtpulver und Vanillezucker bestreuen. Die restlichen Streusel auf die Äpfel streuen. Den Kuchen im heißen Ofen (Mitte, Umluft 160°) in ca. 40 Min. goldgelb backen. Dann herausnehmen, 5 Min. abkühlen lassen, aus der Form und vom Backpapier lösen und mithilfe eines Tortenhebers auf ein Kuchengitter legen.

3 Den Backofen auf 240° (Umluft 220°) vorheizen. Für die Karamellperlen den Hagelzucker auf einem mit Backpapier belegten Backblech verteilen, sodass sich die Zuckerkristalle nicht berühren. Diese im heißen Ofen (oben) in 2–3 Min. karamellisieren lassen. Achtung: Dies geht sehr schnell, bitte dabeibleiben! Dann die Karamellperlen sofort aus dem Ofen nehmen und auf dem Blech abkühlen lassen.

4 Sahne steif schlagen und den Schmand unterheben. Die Apfeltorte auf eine Platte legen und die Creme darauf verteilen, dabei einen 1 cm breiten Rand frei lassen. Die Karamellperlen auf die Sahnehaube streuen.

Clever dekorieren

Besonders hübsch: Setzen Sie zusätzlich ein paar **Babyäpfel** (aus der Dose) auf die Creme. Diese Dekofrüchte finden Sie in jedem gut sortierten Supermarkt.

Clever variieren

Je nach Saison können Sie die Äpfel durch die gleiche Menge **Aprikosen, Mirabellen, Zwetschgen, Kirschen, Brombeeren, ...** ersetzen.

Italienische Kirschtorte

toll zum Espresso | *Zubereitung: ca. 35 Min.* | *Kühlen: ca. 3 Std.*

Für 1 Tortenring von 24 cm Ø (12 Stücke)

Für den Teig:

1 Grundrezept Krümelboden (Rezept s. S. 11) aus 200 g Cantuccini (ital. Mandelkekse) und 80 g Butter

Für die Creme und die Garnitur:

4 Blätter weiße Gelatine
300 g aufgetaute TK-Sauerkirschen
50 g Amarena-Kirschen (aus dem Glas)
400 g Crème fraîche
200 g Magerquark
75 g Zucker
1 Vanilleschote

1 Aus den Cantuccini und der Butter einen Krümelboden wie im Grundrezept auf Seite 11 beschrieben herstellen und fest in den Tortenring hineindrücken (s. S. 26, Bild 3).

2 Für die Creme die Gelatine nach Packungsangabe in kaltem Wasser einweichen. Die Sauerkirschen halbieren. Amarena-Kirschen klein schneiden. Crème fraîche, Quark und Zucker mit den Quirlen des Handrührgeräts cremig rühren. Die Vanilleschote längs halbieren, das Mark mit einem Messer herauskratzen (s. S. 102, Bild 1).

3 Beide Kirschsorten mit dem Vanillemark unter die Creme rühren. 3 EL Sirup von den eingelegten Amarena-Kirschen in einem Topf erwärmen. Gelatine ausdrücken und darin auflösen. Gelatine mit 3 EL Creme verrühren und dann unter die restliche Creme rühren.

4 Die Creme auf den Boden geben und glatt streichen. Die Torte ca. 3 Std. kalt stellen, dann den Tortenring entfernen. Die Torte mit etwas Amarena-Sirup besprenkeln.

Besonders clever!

Besonders gut schmeckt die Torte mit **frischen Kirschen.** Diese müssen Sie vor dem Zerkleinern entsteinen. Das geht am besten mit einer **Sicherheitsnadel.** Halten Sie die Nadel zwischen Daumen und Zeigefinger fest und stechen sie mit dem hinteren Ende am Stielansatz in die Kirsche. Fahren Sie mit der Nadel am Stein entlang und ziehen Sie ihn dann mithilfe der Nadel aus der Kirsche heraus. Legen Sie vor dem Entsteinen zwölf schöne **Kirschen mit Stiel** beiseite und belegen Sie die fertige Torte damit, bevor Sie sie mit dem Sirup verzieren.

Himbeer-
Pastis-Torte

für Anisliebhaber | *Zubereitung: ca. 40 Min.* | *Backen: ca. 20 Min.* | *Kühlen: mind. 2 Std.*

Für 1 Springform von 26 cm Ø (16 Stücke)

Für den Teig:

1 Grundrezept Butterbiskuit (Rezept s. S. 9)

Für den Belag:

3 EL Himbeerkonfitüre
400 g Sahne
3 Päckchen Sahnesteif
400 g Schmand
100 g Zucker
3–4 EL Pastis (Anislikör)
600 g Himbeeren
1 Päckchen klarer Tortenguss
1/4 l Himbeersaft oder -nektar

1 Butterbiskuit wie im Grundrezept auf Seite 9 beschrieben backen und auskühlen lassen. Dann den Biskuit mit der Himbeerkonfitüre bestreichen, auf eine Tortenplatte legen und mit einem Tortenring umschließen.

2 Für den Belag die Sahne mit Sahnesteif steif schlagen. Den Schmand mit Zucker und Pastis mit den Quirlen des Handrührgeräts cremig rühren, bis sich der Zucker aufgelöst hat. Die Sahne mit einem Spatel unter die Pastiscreme heben.

3 Die Creme auf den Biskuitboden geben und glatt streichen. Die Himbeeren verlesen, bei Bedarf vorsichtig waschen und auf Küchenpapier abtropfen lassen. Dann die Himbeeren auf die Creme setzen.

4 Nach Packungsangabe aus dem Tortenguss und dem Himbeersaft oder -nektar einen Guss herstellen und diesen von der Mitte der Torte aus löffelweise auf den Himbeeren verteilen. Die Torte mindestens 2 Std. kalt stellen. Vor dem Servieren den Tortenring entfernen.

Clever tauschen

Außerhalb der Beerensaison können Sie auch **TK-Himbeeren** verwenden. Diese gefroren auf die Torte setzen und den Tortenguss darauf verteilen. Wer keinen Alkohol in der Torte mag, kann statt Pastis **3 EL frisch gepressten Zitronensaft** und **2 Msp. Anispulver** verwenden.

Blutorangen-Torte
mit Granola

***Sonnenschein im Winter** | Zubereitung: ca. 35 Min. | Kühlen: mind. 3 Std. 15 Min.*

Für 1 Tortenring von 24 cm Ø (12 Stücke)

Für den Boden:

1 Grundrezept Krümelboden (Rezept s. S. 11) aus 150 g Vollkornbutterkeksen und 80 g Butter

Für den Belag:

1 TL brauner Zucker
1 EL kernige Haferflocken
1 EL Sonnenblumenkerne
1 EL Kokosflocken
Zimtpulver
3 Bio-Blutorangen
5 Blätter weiße Gelatine
300 g Sahne
75 g Zucker
150 g Mascarpone (ital. Frischkäse)
3 EL Grenadinesirup

1 Aus Vollkornbutterkeksen und Butter einen Krümelboden wie im Grundrezept auf Seite 11 beschrieben herstellen und fest in den Tortenring hineindrücken (s. S. 26, Bild 3).

2 Für die Granola braunen Zucker, Haferflocken, Sonnenblumenkerne, Kokosflocken und 1 Msp. Zimt in einer beschichteten Pfanne bei mittlerer Hitze rösten, bis der Zucker karamellisiert ist. Auf einen Teller zum Abkühlen schütten. Die Orangen heiß waschen, trocken reiben und die Schale von 2 Orangen fein abreiben. Die Hälfte der Orangenschale unter die Granola mischen.

3 Die Gelatine nach Packungsangabe in kaltem Wasser einweichen. Die Orangen auspressen und 225 ml Saft abmessen. Die Sahne steif schlagen. Restliche Orangenschale, den Saft, Zucker und Mascarpone mit den Quirlen des Handrührgeräts cremig rühren.

4 Den Sirup in einem Topf erwärmen und die ausgedrückte Gelatine darin auflösen. Die Gelatine mit 3 EL Orangencreme verrühren, dann unter die restliche Creme rühren. Die Creme ca. 15 Min. kalt stellen. Wenn sie zu gelieren anfängt, die Sahne unterheben.

5 Die Hälfte der Granola auf den Krümelboden streuen, die Orangencreme daraufgeben und glatt streichen. Die Torte mindestens 3 Std. kalt stellen. Vor dem Servieren den Tortenring entfernen und die Torte mit der restlichen Granola bestreuen.

Clever dekorieren

Wer es noch fruchtiger mag, der kann die Tortenoberfläche zusätzlich mit den **Filets von 2 Blutorangen** (s. S. 26, Bild 1+2) dekorativ belegen.

1

2

3

Weiße-Schokoladen-Cranberry-Torte

rot-grüne Liaison | *Zubereitung: ca. 45 Min.* | *Backen: ca. 30 Min.* | *Kühlen: mind. 30 Min.*

Für 1 Springform von 24 cm Ø (12 Stücke)

Für den Teig:

1 Zitrone
70 g getrocknete Cranberrys
100 g weiße Schokolade
100 g Butter
70 g Löffelbiskuits
50 g Pistazienkerne
3 Eier (Größe M)
100 g Zucker
Salz
50 g Mehl
1 TL Backpulver

Für den Belag und die Garnitur:

1 Grundrezept Mascarpone-Fruchtcreme (Rezept s. S. 15) aus 125 g Cranberrys (frisch oder TK) und 4 EL Puderzucker
50 g weiße Schokolade

1 Für den Teig die Zitrone auspressen und die Cranberrys im Saft einweichen. Die Schokolade in Stücke brechen und zusammen mit der Butter in einem Topf bei schwacher Hitze langsam schmelzen. Abkühlen lassen.

2 Den Boden der Form mit Backpapier auslegen. Den Backofen auf 180° vorheizen. Die Löffelbiskuits in einen Gefrierbeutel geben, diesen verschließen und die Löffelbiskuits mit dem Teigroller zerdrücken (**Bild 1**). Pistazien grob hacken und 2 EL für die Garnitur beiseitestellen. Eier mit Zucker und 1 Prise Salz in ca. 5 Min. mit den Quirlen des Handrührgeräts hellschaumig schlagen. Zuerst Biskuitbrösel, Pistazien, Mehl und Backpulver, dann die Schokoladen-Butter-Masse zügig unter die Eimasse rühren. Den Teig in die Form füllen, die eingeweichten Cranberrys darauf verteilen und den Teig glatt streichen. Den Boden im heißen Ofen (Mitte, Umluft 160°) ca. 30 Min. backen, dann herausnehmen, 5 Min. abkühlen lassen, aus der Form und vom Backpapier lösen und mithilfe eines Tortenhebers auf ein Kuchengitter legen. Auskühlen lassen.

3 Inzwischen die Mascarpone-Fruchtcreme wie im Grundrezept auf Seite 15 beschrieben mit den Cranberrys und dem Puderzucker zubereiten und ca. 2 EL von den gegarten Beeren für die Garnitur beiseitestellen.

4 Den Boden auf eine Platte legen. Die Creme in einen Spritzbeutel mit Lochtülle füllen und von der Mitte aus spiralförmig auf die Torte spritzen (**Bild 2**). Dann mit den beiseitegestellten Cranberrys und Pistazien garnieren. Mit einem Sparschäler große Locken von der Schokolade abschälen (**Bild 3**) und die Torte damit dekorieren.

Zitronen-Granatapfel-Torte

eiskalte Erfrischung für heiße Tage | *Zubereitung: ca. 35 Min.* | *Backen: ca. 20 Min.* | *Tiefkühlen: ca. 3 Std.*

Für 1 Springform von 26 cm Ø (16 Stücke)

Für den Teig:

1 Grundrezept Butterbiskuit (Rezept s. S. 9)

Für die Creme:

4–5 Zitronen (davon 2 Bio-Zitronen)
400 g gesüßte Kondensmilch
250 g Sahne

Für die Garnitur:

1 Granatapfel

1 Butterbiskuit wie im Grundrezept auf Seite 9 beschrieben backen und auskühlen lassen. Dann den Biskuitboden auf eine Platte legen und mit einem Tortenring umschließen.

2 Für die Creme die Bio-Zitronen heiß waschen, trocken reiben und die Schale fein abreiben. 1/8 l Zitronensaft auspressen und durch ein Teesieb in eine Schüssel gießen. Die Kondensmilch und die Zitronenschale dazugeben und mit einem Schneebesen verrühren. Die Sahne steif schlagen und mit einem Spatel unter die Zitronencreme heben. Die Zitronencreme auf die Torte streichen und diese ca. 3 Std. ins Tiefkühlgerät stellen.

3 Die Torte ca. 30 Min. vor dem Servieren aus dem Tiefkühlgerät nehmen. Für die Garnitur den Granatapfel halbieren. Eine Hälfte mit der Schalenseite nach oben über eine große Schüssel halten. Mit einem Holzlöffel auf den Granatapfel schlagen, sodass die Kerne in die Schüssel springen. Dabei die feinen, bitteren Trennhäutchen entfernen. Mit der anderen Granatapfelhälfte genauso verfahren. Den Tortenring vorsichtig lösen und die Torte mit den Granatapfelkernen bestreut servieren.

Clever einkaufen

Granatäpfel sind bei uns von September bis Dezember erhältlich. Bei Zimmertemperatur können sie ohne Probleme 2–3 Wochen gelagert werden.

DIE FRUCHTIGEN – BUNT, LECKER, UNWIDERSTEHLICH

Superfruchtige Tortenschönheiten im Farbspiel der Jahreszeiten. Jede Saison hat ihre reifen Schätze und lädt zum einfachen Backgenuss ein. Mit frischen Früchten in Rot, Blau, Orange, Grün steht einem optisch großen Auftritt nichts mehr im Weg. Hier finden Sie bunte Ideen für Ihre Kaffeetafel voller Sonnenschein und Sommeraroma.

Sauerkirsch-Pistazien-Torte

unwiderstehlich | *Zubereitung: ca. 50 Min.* | *Backen: ca. 30 Min.* | *Kühlen: mind. 2 Std. 30 Min.*

Für 1 Obstbodenform von 28 cm Ø (16 Stücke)

Für den Teig:

50 g Pistazienkerne
100 g Zartbitterschokolade (70 % Kakaogehalt)
5 Eier (Größe M)
80 g weiche Butter
80 g Zucker | Salz
200 g gemahlene Mandeln
2 TL Backpulver

Für den Belag:

250 g Sahne
150 g Magerquark
200 g Mascarpone (ital. Frischkäse)
2 Päckchen Vanillezucker
1 kg Sauerkirschen
1 Päckchen klarer Tortenguss
1 EL Zucker
1/4 l Kirschsaft

Außerdem:

weiche Butter und Mehl für die Form

1 Für den Teig die Pistazien mittelgrob hacken. Den Boden der Form mit weicher Butter einfetten, dann mit Mehl dünn bestäuben, mit den gehackten Pistazien ausstreuen. Form bis zum Backen kalt stellen. Backofen auf 180° vorheizen.

2 Die Schokolade fein reiben. Die Eier trennen. Eiweiße steif schlagen. Butter, Zucker und 1 Prise Salz mit den Quirlen des Handrührgeräts hellcremig rühren, bis sich der Zucker ganz aufgelöst hat. Eigelbe einzeln unterrühren. Schokolade, Mandeln und Backpulver mischen und zügig unter die Buttermasse rühren. Dann den Eischnee portionsweise unterheben. Teig in die Form füllen und im heißen Ofen (Mitte, Umluft 160°) ca. 30 Min. backen. Herausnehmen, 5 Min. abkühlen lassen, vorsichtig auf ein Gitter stürzen.

3 Für den Belag die Sahne steif schlagen. Den Quark mit Mascarpone und Vanillezucker glatt rühren und die Sahne unterheben. Den Obstboden auf eine Tortenplatte legen, die Creme in die Vertiefung füllen und verstreichen. Die Torte ca. 30 Min. kalt stellen.

4 Inzwischen die Sauerkirschen waschen, trocken tupfen, entstielen, am besten mit einer Sicherheitsnadel (s. S. 31, Besonders clever!) entsteinen und auf der Quarkcreme verteilen. Aus dem Tortenguss nach Packungsangabe mit Zucker und Kirschsaft einen Guss zubereiten und diesen auf den Kirschen verteilen. Die Torte vor dem Servieren mindestens 2 Std. kalt stellen.

Clever tauschen

Bereits entsteinte **TK-Kirschen** oder **Kirschen aus dem Glas** verwenden.

Johannisbeer-Torte
mit Ingwerbaiser

oben knusprig, innen beerig | *Zubereitung: ca. 50 Min.* | *Backen: ca. 45 Min.*

Für 1 Springform von 24 cm Ø (12 Stücke)

Für den Teig:

175 g weiche Butter
300 g Zucker | Salz
3 Eier (Größe M)
150 g Mehl
2 TL Backpulver
150 ml Milch
1 TL Ingwerpulver
50 g Mandelblättchen

Für die Füllung:

200 g Sahne
1 Päckchen Vanillezucker
1 Päckchen Sahnesteif
300 g Rote Johannisbeeren

1 Den Boden der Form mit Backpapier auslegen. Den Backofen auf 180° vorheizen. Die Butter mit 150 g Zucker und 1 Prise Salz hellcremig rühren, bis sich der Zucker ganz aufgelöst hat. Die Eier trennen. Die Eigelbe nach und nach unter die Butter-Zucker-Masse rühren. Mehl mit Backpulver über die Masse sieben und zusammen mit der Milch zügig unterrühren. Den Teig in die Form füllen und im heißen Ofen (unten, Umluft 160°) ca. 15 Min. backen.

2 Inzwischen die Eiweiße mit dem Ingwerpulver leicht schlagen, nach und nach den restlichen Zucker zugeben und weiterschlagen, bis ein steifer Schnee entstanden ist und die Baisermasse glänzt. Masse auf dem vorgebackenen Teig verteilen, die Mandelblättchen aufstreuen und den Boden bei 120° (Umluft 110°) in ca. 30 Min. fertig backen, bis die Baiseroberfläche goldgelb und trocken ist. Den fertigen Boden herausnehmen, 5 Min. abkühlen lassen, aus der Form und vom Backpapier lösen, mithilfe eines Tortenhebers auf ein Kuchengitter legen und auskühlen lassen.

3 Für die Füllung die Sahne mit Vanillezucker und Sahnesteif steif schlagen. Die Johannisbeeren waschen, von den Rispen zupfen, auf Küchenpapier abtropfen lassen, dann unter die Sahne heben. Den Boden einmal quer durchschneiden. Den unteren Boden auf eine Tortenplatte legen und die Füllung daraufstreichen. Den zweiten Boden auflegen. Die Torte schmeckt am besten frisch.

Besonders clever!

Johannisbeeren entrispen, geht ganz schnell mit einer Gabel. Dafür das obere Ende des Stiels zwischen die Zinken einer Gabel führen und mit dieser von oben nach unten die Beeren vom Stiel abstreifen.

Clever dekorieren!

Nach Belieben können Sie auf die Torte ein paar **Johannisbeer-Rispen** legen und die Torte mit etwas **Puderzucker** bestäuben.

Clementinen-Sanbitter-Torte

spritzig-bitter auf der Zunge | *Zubereitung: ca. 40 Min.* | *Backen: ca. 20 Min.* | *Kühlen: mind. 2 Std. 30 Min.*

Für 1 Springform von 24 cm Ø (12 Stücke)

Für den Teig:

1 Grundrezept Blitz-Biskuit (Rezept s. S. 8)

Für die Füllung und die Garnitur:

8 Clementinen (davon 2 Bio-Clementinen)
1 Grundrezept Mascarpone-Fruchtcreme (Rezept s. S. 15)
200 ml Sanbitter (alkoholfreier Bitter-Aperitif)
1 Päckchen klarer Tortenguss
1 EL Zucker
100 g Sahne (nach Belieben)

1 Blitz-Biskuit wie im Grundrezept auf Seite 8 beschrieben backen und auskühlen lassen.

2 Für die Füllung und die Garnitur die Bio-Clementinen heiß waschen, trocken reiben und die Schale fein abreiben. Den Saft von 1 Frucht auspressen und beiseitestellen. Die übrigen Clementinen mit einem scharfen Messer so schälen, dass die weiße Haut mit abgelöst wird (s. S. 26, Bild 1). Die Früchte quer in ca. 4 mm dicke Scheiben schneiden. Diese halbieren und die weiße Haut in der Mitte sowie eventuelle Kerne entfernen.

3 Die Mascarpone-Fruchtcreme wie im Grundrezept auf Seite 15 beschrieben mit 125 g in kleine Stücke geschnittenem Clementinen-Fruchtfleisch und der Clementinenschale zubereiten. Die Creme ca. 30 Min. kalt stellen.

4 Den Biskuit einmal quer durchschneiden. Den unteren Boden auf eine Tortenplatte legen, mit einem Tortenring umschließen und mit 6 EL Sanbitter tränken. Mascarpone-Fruchtcreme auf den getränkten Boden streichen und den Deckel auflegen. Die restlichen halbierten Clementinenscheiben kreisförmig auf den Deckel legen.

5 Den beiseitegestellten Clementinensaft mit Sanbitter auf 1/4 l auffüllen. Daraus mit Tortengusspulver und Zucker nach Packungsangabe einen Guss zubereiten und diesen esslöffelweise von der Mitte aus auf der Torte verteilen. Die Torte mindestens 2 Std. kalt stellen. Den Tortenring abnehmen. Nach Belieben die Sahne steif schlagen und den Tortenrand damit bestreichen. Die Torte am besten mit einem elektrischen Messer in Stücke schneiden.

Clever variieren

Wenn Sie keine Clementinen bekommen, können Sie diese auch durch saftige **Mandarinen** ersetzen.

Beeren-Minze-Torte

Sommerfrische mit cooler Minze | *Zubereitung: ca. 40 Min.* | *Backen: ca. 1 Std.* | *Kühlen: mind. 2 Std.*

Für 1 Springform von 26 cm Ø (16 Stücke)

Für den Teig:

200 g weiche Butter
150 g Zucker
4 Eier (Größe M)
1 Bio-Zitrone
300 g Mehl
1 Päckchen Backpulver
Salz | 3–4 EL Milch

Für die Füllung und die Garnitur:

20 Blättchen Pfefferminze
500 g Sahne
750 g gemischte Beeren (z. B. Rote und Schwarze Johannisbeeren, Himbeeren, kleine Erdbeeren)
4 Baisers (Fertigprodukt; Bäckerei)
Puderzucker zum Bestäuben

1 Den Boden der Springform mit Backpapier auslegen. Den Backofen auf 200° (Umluft 180°) vorheizen. Für den Teig Butter, Zucker und Eier mit den Quirlen des Handrührgeräts hellschaumig schlagen. Zitrone heiß waschen, trocken reiben und die Schale fein abreiben. Zitronenschale mit Mehl, Backpulver und 1 Prise Salz zügig unter die Eiermasse rühren. So viel Milch unterrühren, dass der Teig schwer reißend vom Löffel fällt.

2 Den Teig vierteln und eine Portion auf den Formboden streichen. Den Boden im heißen Ofen (Mitte) in ca. 15 Min. goldgelb backen. Herausnehmen, aus der Form lösen, auf ein Gitter stürzen, das Backpapier abziehen und dieses erneut in die Form einspannen. Aus dem Teig auf die gleiche Art und Weise noch drei weitere Böden backen. Diese auf Kuchengittern auskühlen lassen.

3 Für die Füllung und die Garnitur die Pfefferminze waschen, trocken tupfen und 15 Blättchen fein hacken. Die Sahne steif schlagen und die gehackte Minze unterheben. Die Beeren verlesen, bei Bedarf waschen und auf Küchenpapier abtropfen lassen. Johannisbeeren mit einer Gabel entrispen (s. S. 45, Besonders clever!), Erdbeeren entkelchen. Jeden Boden mit je einem Viertel der Minzsahne bestreichen, mit je einem Viertel der Beeren belegen und mit je 1 zerbröselten Baiser bestreuen. Die Torte auf einer Tortenplatte zusammensetzen und dann mindestens 2 Std. kalt stellen. Kurz vor dem Servieren den obersten Boden zusätzlich mit Pfefferminzblättchen dekorieren. Die Torte mit Puderzucker bestäubt servieren.

Clever variieren

Für **farbige Schichten** die Beeren pürieren und unter drei Viertel der Minzsahne heben (s. Titelrezeptfoto). Wer mag, bestreicht auch den Rand mit Sahne.

Spanische Orangentorte

Olé! | *Zubereitung: ca. 35 Min.* | *Backen: ca. 35 Min.*

Für 1 quadratische Springform von 23 x 23 cm oder 1 runde Springform von 26 cm Ø (16 Stücke)

Für den Teig:

3 Bio-Orangen
125 g weiche Butter
250 g Blütenhonig (z. B. Orangenblütenhonig)
3 Eier (Größe M)
1 Fläschchen Bittermandelaroma
150 g gemahlene Mandeln
200 g Dinkelmehl (Type 630)
Salz | 2 TL Backpulver

Zum Tränken:

4 EL Orangenlikör (oder Orangensaft)

Für die Garnitur:

50 g Mandelstifte
400 g Sahne
Puderzucker zum Bestäuben

1 Den Boden der Springform mit Backpapier auslegen. Den Backofen auf 190° vorheizen. Für den Teig die Orangen heiß waschen, trocken reiben und die Schale von 2 Orangen fein abreiben. Mit einem Zestenreißer feine Streifen von der dritten Orange abziehen und für die Garnitur beiseitestellen. 1 Orange auspressen. Die Butter und den Honig mit den Quirlen des Handrührgeräts hellcremig rühren. Eier mit 2 EL Orangensaft, -schalenabrieb und Bittermandelaroma unter die Buttermasse rühren. Dann gemahlene Mandeln, Mehl, 1 Prise Salz und Backpulver zügig unterrühren.

2 Den Teig in die Form füllen, glatt streichen und im heißen Ofen (Mitte, Umluft 170°) ca. 35 Min. backen. Dann herausnehmen, abkühlen lassen. Torte vorsichtig aus der Form und vom Backpapier lösen und mithilfe eines Tortenhebers auf ein Kuchengitter legen.

3 Mit einem Pinsel die Torte mit dem restlichen Orangensaft sowie dem Likör zum Tränken bestreichen und auskühlen lassen. Für die Garnitur die Mandelstifte in einer Pfanne ohne Fett goldgelb rösten, dann abkühlen lassen. Die Torte auf eine Tortenplatte legen. Die Sahne steif schlagen und auf die Torte streichen. Die Torte mit den Mandelstiften und den Orangenschalenstreifen bestreut und mit Puderzucker bestäubt servieren.

Besonders clever!

Am besten schmeckt die Torte, wenn sie **am Vortag** gebacken und getränkt wird. Dann kurz vor dem Servieren die Torte mit Sahne bestreichen und garnieren.

Walnuss-Erdbeer-Torte

marokkanisch inspiriert | *Zubereitung: ca. 1 Std. 15 Min.* | *Backen: ca. 25 Min.* | *Kühlen: mind. 1 Std.*

Für 1 Springform von 26 cm Ø (16 Stücke)

Für den Teig:

75 g Walnusskerne
4 Eier (Größe M)
Salz | 75 g Zucker
abgeriebene Schale und 4 EL Saft von 1 Bio-Orange
50 g Mehl
25 g Speisestärke
1 1/2 TL Backpulver

Für die Füllung und die Garnitur:

750 g Erdbeeren
1 EL Orangenblütenwasser (Apotheke)
1/2 TL Zimtpulver
250 g Erdbeerkonfitüre
350 g Sahne
2 Päckchen Vanillezucker

1 Den Boden der Form mit Backpapier auslegen. Den Backofen auf 180° vorheizen. Für den Teig die Walnüsse fein mahlen. Eier trennen. Eiweiße mit 1 Prise Salz leicht schlagen, dann nach und nach 25 g Zucker zugeben und weiterschlagen, bis ein steifer Schnee entstanden ist. Eigelbe mit restlichem Zucker, Orangenschale und -saft mit den Quirlen des Handrührgeräts hellschaumig schlagen. Eischnee und Nüsse daraufgeben. Mehl, Stärke und Backpulver darübersieben, alles mit einem Spatel locker untermischen. Teig in die Form füllen, glatt streichen, im heißen Ofen (Mitte, Umluft 160°) ca. 25 Min. backen, dann herausnehmen, 5 Min. abkühlen lassen, aus der Form lösen, auf ein Gitter stürzen und das Backpapier abziehen.

2 Für die Füllung und die Garnitur die Erdbeeren putzen, waschen, abtrocknen, längs in dünne Scheiben schneiden. Die Hälfte davon für die Garnitur beiseitestellen, dafür die großen Mittelstücke aussuchen. Restliche Erdbeerscheiben klein würfeln, mit Orangenblütenwasser und Zimt mischen.

3 Die Erdbeerkonfitüre erwärmen und durch ein Sieb streichen. Den Biskuitboden einmal quer durchschneiden. Erdbeerwürfel in einem Sieb abtropfen lassen, den Saft auffangen. Den unteren Boden auf eine Platte legen und mit dem aufgefangenen Saft beträufeln. Beide Böden dünn mit Konfitüre bestreichen, restliche Konfitüre aufheben. Sahne mit Vanillezucker steif schlagen und die Erdbeerstückchen unterheben. Zwei Drittel der Erdbeersahne auf den unteren Boden streichen. Den zweiten Boden auflegen. Torte mit restlicher Sahne rundum bestreichen. Die Oberfläche mit den beiseitegelegten Erdbeerscheiben rosettenartig belegen. Die noch warme Erdbeerkonfitüre mit einem Pinsel gleichmäßig darauf verteilen. Die Torte vor dem Servieren mindestens 1 Std. kalt stellen.

Trikolore-Torte

Drei-in-eins-Torte | *Zubereitung: ca. 55 Min.* | *Backen: ca. 50 Min.*

Für 1 quadratische Springform von 23 x 23 cm oder 1 runde Springform von 26 cm Ø (16 Stücke)

Für den Teig:

100 g Zartbitterschokolade (70 % Kakaogehalt)
110 g weiche Butter
130 g Zucker | Salz
3 Eier (Größe M)
100 g Mehl
2 TL Backpulver
40 g Kakaopulver
2 EL Milch

Für die Quarkmasse:

3 Eier (Größe M)
100 g Zucker | Salz
500 g Magerquark
200 g Sahne
70 g Sonnenblumenöl
30 g Speisestärke
1 Bio-Zitrone
1 Vanilleschote

Für die Garnitur:

320 g Himbeeren
250 g Sahne
60 g Puderzucker
1 Päckchen Sahnesteif

1 Den Boden der Form mit zwei Lagen Backpapier auslegen, damit der Brownie-Teig nicht zu viel Hitze bekommt. Den Backofen auf 180° vorheizen. Für den Teig die Schokolade fein reiben. Die Butter mit Zucker und 1 Prise Salz mit den Quirlen des Handrührgeräts hellcremig rühren, bis sich der Zucker ganz aufgelöst hat. Die Eier nach und nach unterrühren. Die Schokolade dazugeben. Das Mehl mit Backpulver und Kakao über die Masse sieben und rasch unterrühren. Dann die Milch untermengen. Den Teig in die Form füllen und glatt streichen.

2 Für die Quarkmasse die Eier trennen. Eiweiße mit Zucker und 1 Prise Salz nur cremig schlagen, nicht steif, sonst fällt die Torte nach dem Backen zusammen. Eigelbe mit Quark, Sahne und Öl verrühren. Die Stärke darübersieben und unterrühren. Die Zitrone heiß waschen, trocken reiben und die Schale fein abreiben. Vanilleschote längs halbieren, das Mark mit einem Messer herauskratzen (s. S. 102, Bild 1) und mit der Zitronenschale zur Quarkmasse geben. Eischnee mit einem Spatel unter die Quarkmasse heben. Diese auf den Brownie-Teig streichen.

3 Die Torte im heißen Ofen (Mitte, Umluft 160°) ca. 40 Min. backen. Noch ca. 10 Min. im ausgeschalteten Ofen ruhen lassen, herausnehmen. Die Torte vollständig in der Form auskühlen lassen, vorsichtig aus der Form und vom Backpapier lösen und mithilfe eines Tortenhebers auf eine Tortenplatte legen. Von den Himbeeren 200 g für die Garnitur beiseitelegen. Restliche Himbeeren und Sahne mit den Quirlen des Handrührgeräts verrühren. Puderzucker und Sahnesteif dazugeben und die Masse steif schlagen. Himbeersahne auf die ausgekühlte Torte streichen und diese mit den beiseitegelgten Deko-Himbeeren verzieren.

1

2

3

Passionsfrucht-Torte

Karibik-Feeling Schicht für Schicht | *Zubereitung: ca. 50 Min.* | *Backen: ca. 30 Min.* | *Kühlen: mind. 12 Std.*

Für 1 Springform von 24 cm Ø (12 Stücke)

Für den Teig:

100 g Zartbitterschokolade (70 % Kakaogehalt)
4 Eier (Größe M)
Salz | 40 g Zucker

Für den Belag und die Garnitur:

80 g weiche Butter
70 g Puderzucker
1 Bio-Limette
5 Passionsfrüchte
4 EL echter Übersee-Rum (nach Belieben)
12 Löffelbiskuits
350 g Sahne
2 Päckchen Vanillezucker

1 Den Boden der Form mit Backpapier auslegen. Den Backofen auf 170° vorheizen. Für den Teig die Schokolade in Stücke brechen, über einem heißen Wasserbad schmelzen (**Bild 1**) und ca. 10 Min. abkühlen lassen. Inzwischen die Eier trennen. Die Eiweiße mit 1 Prise Salz steif schlagen. 3 Eigelb und Zucker mit den Quirlen des Handrührgeräts hellschaumig schlagen. Die abgekühlte Schokolade und den Eischnee mit einem Spatel vorsichtig unter die Eigelbmasse rühren. Den Teig in die Form füllen, im heißen Ofen (Mitte, Umluft 150°) ca. 30 Min. backen, dann herausnehmen und 5 Min. abkühlen lassen. Den Boden aus der Form lösen und auf ein Kuchengitter stürzen. Das Backpapier vorsichtig abziehen (**Bild 2**) und den Boden auskühlen lassen.

2 Für den Belag die Butter mit dem Puderzucker und dem restlichen Eigelb hellschaumig schlagen. Die Limette heiß waschen, trocken reiben, die Schale fein abreiben und den Saft auspressen. Die Limettenschale zusammen mit 2 EL Saft unter die Buttercreme rühren. Den Schokoladenboden auf eine Tortenplatte legen, mit der Creme bestreichen und dann mit einem Tortenring umschließen.

3 3 Passionsfrüchte halbieren. Das Fruchtfleisch mit einem Löffel herauslösen (**Bild 3**) und durch ein Sieb streichen. Restlichen Limettensaft und nach Belieben den Rum dazugeben. Die Löffelbiskuits auf die Buttercreme legen und mit der gesamten Mischung bepinseln. Die Torte abgedeckt mindestens 12 Std. (am besten über Nacht) kalt stellen. Am nächsten Tag die Sahne mit dem Vanillezucker steif schlagen und auf die Torte streichen. Mit einem Esslöffel Vertiefungen in die Sahne drücken. Die restlichen Passionsfrüchte halbieren und das Fruchtmark mit einem Löffel in die Vertiefungen geben.

Clever einkaufen

Ist die Haut der **Passionsfrüchte** schrumplig, ist das kein Zeichen für Verderb. Die Früchte entwickeln dadurch erst ihr volles Aroma.

Rhabarber-Kokos-Torte

asiatisch angehaucht | *Zubereitung: ca. 50 Min.* | *Backen: ca. 20 Min.* | *Abkühlen: mind. 30 Min.*

Für 1 Obstbodenform von 28 cm Ø (16 Stücke)

Für den Teig:

- 1 Grundrezept Blitz-Biskuit (Rezept s. S. 8) aus 60 g Mehl und 40 g Kokosflocken

Für den Belag und die Garnitur:

- 1 kg frischer Rhabarber
- 1 Bio-Limette
- 1 Stück frischer Ingwer (2–3 cm)
- ca. 100 g Zucker
- 350 g Sahne
- 2 Päckchen Vanillezucker
- 2 Päckchen Sahnesteif
- 3 EL Kokoschips

Außerdem:

- weiche Butter, Mehl und Kokosflocken für die Form

1 Den Boden der Form mit Butter einfetten. Dann mit Mehl dünn bestäuben und mit Kokosflocken ausstreuen. Die Form bis zum Backen kalt stellen. Den Blitz-Biskuit nur mit 60 g Mehl und dafür noch mit 40 g Kokosflocken wie im Grundrezept auf Seite 8 beschrieben backen. Dann herausnehmen, 5 Min. abkühlen lassen, vorsichtig auf ein Gitter stürzen und auskühlen lassen.

2 Inzwischen für den Belag den Rhabarber waschen, das Grün und den unteren Strunk abschneiden. Die Rhabarberstangen bei Bedarf schälen (s. S. 110, Bild 1) und in ca. 2 cm große Stücke schneiden. Die Limette heiß waschen und trocken reiben. Mit einem Zestenreißer feine Streifen von der Schale abziehen und beiseitestellen. Den Saft auspressen. Den Ingwer schälen und fein reiben. Die Rhabarberstücke mit Limettensaft, Ingwer und Zucker in einen Topf geben, unter Rühren aufkochen lassen und bei schwacher Hitze ca. 5 Min. köcheln lassen, bis der Rhabarber weich ist. Das Kompott in einem Sieb mindestens 30 Min. abkühlen und abtropfen lassen.

3 Das Kompott je nach Säuregehalt des Rhabarbers eventuell noch etwas nachzuckern. Die Sahne mit Vanillezucker und Sahnesteif steif schlagen. Den Biskuitboden auf eine Tortenplatte legen. Das abgetropfte Kompott darauf verstreichen und dann die Sahne leicht kuppelförmig darauf verteilen. Die Torte mit Kokoschips und Limettenzesten verzieren.

Clever einkaufen

Rhabarber wird von April bis Juni geerntet. Achten Sie beim Kauf darauf, dass die Stangen fest sind.

Heidelbeerherz

nicht nur für den Muttertag | *Zubereitung: ca. 45 Min.* | *Backen: ca. 40 Min.*

Für 1 Herz- oder Springform von 26 cm Ø (16 Stücke)

Für den Teig:

1 Bio-Zitrone
4 Eier (Größe M)
Salz | 160 g Zucker
2 Tropfen Bittermandelaroma
75 g Mehl
1 TL Backpulver
200 g gemahlene Mandeln

Für die Garnitur:

200–350 g Heidelbeeren (nach Geschmack)
2 Päckchen Vanillezucker
200 g Sahne
1 EL Puderzucker
1 Päckchen Sahnesteif
einige essbare Blüten (z. B. Veilchen; nach Belieben)
Puderzucker zum Bestäuben

1 Den Boden der Form mit Backpapier auslegen. Den Backofen auf 180° vorheizen. Für den Teig die Zitrone heiß waschen, trocken reiben, die Schale fein abreiben und den Saft auspressen. 2 Eiweiß mit 1 Prise Salz steif schlagen. 2 ganze Eier, 2 Eigelb, Zucker, Bittermandelaroma und 2 EL Wasser hellschaumig schlagen. 2 EL Zitronensaft zusammen mit der Zitronenschale zur Eimasse geben. Mehl, Backpulver und Mandeln in einer Schüssel mischen und zusammen mit dem Eischnee unter die Eimasse heben.

2 Den Teig in die Form füllen und im heißen Ofen (Mitte, Umluft 160°) 35–40 Min. backen. Dann herausnehmen, 5 Min. abkühlen lassen, vorsichtig aus der Form und vom Backpapier lösen und mithilfe eines Tortenhebers auf ein Kuchengitter legen.

3 Für die Garnitur die Heidelbeeren waschen, verlesen und auf Küchenpapier abtropfen lassen. 150 g Beeren mit 3 EL Zitronensaft, 3 EL Wasser und Vanillezucker pürieren, durch ein Sieb streichen. Das noch lauwarme Biskuitherz auf eine Tortenplatte legen und mit dem Heidelbeerpüree rundherum einstreichen. In der Mitte sinkt die Torte etwas ein. Die Vertiefung wird für die Sahne-Garnitur gebraucht.

4 Die Sahne mit Puderzucker und Sahnesteif steif schlagen und auf die abgekühlte Torte streichen oder mithilfe eines Spritzbeutels mit Sterntülle als kleine Tupfen auf die Tortenoberfläche spritzen. Die restlichen Heidelbeeren auf die Sahne setzen und die Torte nach Belieben mit frischen Blüten dekorieren. Das Heidelbeerherz mit etwas Puderzucker bestäubt servieren.

Clever backen

Die Torte schmeckt am besten frisch, der Biskuitboden kann aber schon **am Vortag** gebacken werden. Am Serviertag tränken und ausgarnieren.

1

2

3

Trauben-Grappa-Torte

Hochgenuss im Herbst | *Zubereitung: ca. 50 Min.* | *Kühlen: mind. 1 Std.* | *Backen: ca. 20 Min.*

Für 1 Springform von 26 cm Ø (16 Stücke)

Für den Teig:

1 Bio-Zitrone
250 g Mehl
50 g Zucker | Salz
125 g kalte Butter
1 Ei (Größe M)

Für die Creme und die Garnitur:

500 g Mascarpone (ital. Frischkäse)
250 g Magerquark
3–4 EL Grappa
200 g Sahne
150 g Puderzucker
70 g Amarettini (ital. Mandelkekse)
500 g blaue und grüne kernlose Trauben
Zimtpulver und Puderzucker zum Bestäuben

Außerdem:

Mehl für die Arbeitsfläche

1 Für den Teig die Zitrone heiß waschen, trocken reiben und die Schale fein abreiben. Mehl, Zucker, 1 Prise Salz und Zitronenschale in eine Schüssel geben. Die Butter in kleine Würfel schneiden, zusammen mit dem Ei dazugeben und alle Zutaten mit den Händen rasch zu einem Teig verkneten. Den Teig abgedeckt oder in Frischhaltefolie gewickelt ca. 1 Std. in den Kühlschrank stellen.

2 Den Boden der Springform mit Backpapier auslegen. Den Backofen auf 200° vorheizen. Den Teig auf bemehlter Arbeitsfläche zu einem Kreis, der etwas größer als der Formdurchmesser ist, ausrollen (**Bild 1**) und in die Form legen. Dabei einen kleinen Rand von ca. 3 cm Höhe formen (**Bild 2**). Den Boden mehrmals mit einer Gabel einstechen (**Bild 3**), im heißen Ofen (Mitte, Umluft 180°) ca. 20 Min. backen, herausnehmen und in der Form auskühlen lassen.

3 Für die Creme den Mascarpone und den Quark mit dem Grappa verrühren. Sahne mit Puderzucker steif schlagen und unter die Quarkcreme heben. Den kalten Mürbeteigboden aus der Form lösen, mithilfe eines Tortenhebers auf eine Tortenplatte legen und ein Drittel der Creme daraufstreichen. Die Amarettini grob hacken und auf der Creme verteilen. Restliche Creme daraufgeben und glatt streichen. Trauben waschen, abtrocknen und halbieren. Die Traubenhälften auf die Creme legen und die Torte dünn mit etwas Zimtpulver und Puderzucker bestäubt servieren.

Brombeer-Mohn-Torte

lila Knusperpause | *Zubereitung: ca. 50 Min.* | *Backen: ca. 18 Min.* | *Kühlen: mind. 4 Std. 15 Min.*

Für 1 Springform von 26 cm Ø (16 Stücke)

Für den Teig:

1 Grundrezept Streuselboden (Rezept s. S. 10)

Für die Creme und die Garnitur:

7 Blätter weiße Gelatine
1/4 l Milch
60–80 g Zucker
35 g frisch gemahlener Mohn
100 g Marzipanrohmasse
6 EL Brombeerkonfitüre
250 g Sahne
200 g Joghurt (3,5 % Fett)
250 g Magerquark
75 ml Brombeersaft (Reformhaus)
100–250 g Brombeeren (nach Geschmack)
Puderzucker zum Bestäuben

Besonders clever!

Ohne Saatenmühle lassen sich die Mohnsamen auch in einer alten **Kaffeemühle** oder in einem kleinen **Blitzhacker** mahlen.

1 Streuselboden wie im Grundrezept auf Seite 10 beschrieben nur mit der Hälfte der Zitronenschale backen und anschließend auskühlen lassen.

2 Für die Creme die Gelatine nach Packungsangabe in kaltem Wasser einweichen. Die Milch bei schwacher Hitze aufkochen. 60 g Zucker und Mohn einrühren und bei schwacher Hitze unter Rühren ca. 2 Min. einkochen lassen. Marzipan grob raspeln und unter die Mohnmasse mengen, diese abkühlen lassen.

3 Den Boden aus der Form und vom Backpapier lösen und mithilfe eines Tortenhebers auf eine Tortenplatte legen. Anschließend mit 2 EL Konfitüre bestreichen und mit einem Tortenring umschließen.

4 Die Sahne steif schlagen. Den Joghurt, den Quark und die abgekühlte Mohnmasse mit den Quirlen des Handrührgeräts verrühren. In einem Topf die ausgedrückte Gelatine in 50 ml Brombeersaft bei schwacher Hitze auflösen, mit 2–3 EL Quarkcreme verrühren, dann unter die restliche Creme rühren. Die Masse eventuell noch etwas nachzuckern. Die Creme ca. 15 Min. kalt stellen, bis sie anfängt, zu gelieren. Dann die Sahne unterheben.

5 Die Creme auf den Tortenboden geben, glatt streichen und die Torte mindestens 4 Std. kalt stellen. Restlichen Saft und Konfitüre in einem Topf kurz sprudelnd aufkochen und abkühlen lassen. Brombeeren abbrausen, verlesen und auf Küchenpapier abtropfen lassen. Tortenring vorsichtig lösen. Brombeeren auf der Torte verteilen, mit Sirup beträufeln. Die Torte mit etwas Puderzucker bestäubt servieren.

Exotische Mango-Torte

crunchiger Tortengenuss | *Zubereitung: ca. 1 Std. 30 Min.* | *Backen: ca. 35 Min.* | *Kühlen: mind. 2 Std.*

Für 1 Springform von 26 cm Ø (16 Stücke)

Für den Teig:

120 g exotische Trockenfrucht- und Nussmischung (mit Mango, Papaya, Kokos etc.)
1 Grundrezept Biskuittorte (Rezept s. S. 8)

Für die Füllung:

1 Grundrezept Vanille-Buttercreme (Rezept s. S. 14)
1 reife Mango
100 g Lemon Curd (Rezept s. S. 15 oder Fertigprodukt)

1 Für den Teig die Nuss-Frucht-Mischung im Blitzhacker oder mit dem Messer fein hacken. Den Boden der Form mit Backpapier auslegen und die Nuss-Frucht-Mischung darauf verteilen. Biskuittorte wie im Grundrezept auf Seite 8 beschrieben herstellen, auf der Nuss-Frucht-Mischung verteilen, backen und anschließend auskühlen lassen.

2 Für die Füllung die Vanille-Buttercreme wie im Grundrezept auf Seite 14 beschrieben zubereiten. Die Mango mit einem Sparschäler schälen, das Fruchtfleisch vom Stein schneiden. Zwei Drittel des Mangofruchtfleischs pürieren, den Rest fein würfeln. Das Mangopüree unter die kalte Buttercreme heben und ein Drittel davon abnehmen. Die Mangowürfel unter die restliche Creme heben.

3 Den gestürzten Biskuit zweimal quer durchschneiden (s. S. 82, Bild 1) – der Trockenfruchtboden wird zum Tortendeckel – und den unteren Boden auf eine Tortenplatte legen. Den unteren und den mittleren Boden erst mit Lemon Curd und anschließend mit der stückigen Mangocreme bestreichen. Die Torte zusammensetzen und mit dem Trockenfruchtboden abschließen. Den Tortenrand mit der restlichen Mangocreme bestreichen. Die Torte vor dem Servieren mindestens 2 Std. kalt stellen.

Lemon Curd – Info

In England gehört die Zitronencreme wie Marmelade zu den traditionellen Aufstrichen, die mit Brot oder Scones (Mürbeteigbrötchen) zum Nachmittagstee gereicht werden.

Gewürzbirnen-Torte

herbstlich | *Zubereitung: ca. 1 Std.* | *Backen: ca. 1 Std. 12 Min.* | *Kühlen: mind. 4 Std.*

Für 1 Springform von 26 cm Ø (16 Stücke)

Für den Teig:

1 Grundrezept Rührteigböden (Rezept s. S. 11)
50 g Pinienkerne

Für die Füllung :

600 g reife Birnen
1/2 Zitrone
1 Zimtstange
1 Sternanis
4 EL brauner Rohrzucker
1 Grundrezept Frischkäse-Buttercreme (Rezept s. S. 14)

Zum Tränken:

3 EL Birnenschnaps (nach Belieben)

Für die Garnitur:

Puderzucker zum Bestäuben

1 Den Rührteig wie im Grundrezept auf Seite 11 beschrieben zubereiten und verbacken. Dabei einen der sechs Böden vor dem Backen mit Pinienkernen bestreuen – dieser wird später zum Tortendeckel.

2 Für die Füllung die Birnen schälen, vierteln und ohne Kerngehäuse in kleine Stücke schneiden. Die Zitrone auspressen und den Saft zusammen mit den Birnenstücken, der Zimtstange, dem Sternanis und dem Rohrzucker in einem Topf aufkochen. Dann ca. 10 Min. bei schwacher Hitze zugedeckt köcheln lassen, bis die Birnenstücke zu Mus verkocht sind. Gewürze entfernen und das Mus in einem Sieb abtropfen lassen, dabei den Saft auffangen.

3 Die Frischkäse-Buttercreme wie im Grundrezept auf Seite 14 beschrieben zubereiten. Dabei den Orangensaft durch 2–3 EL aufgefangenen Birnensud ersetzen. Dann die Buttercreme vierteln.

4 Den ersten Boden auf eine Tortenplatte legen und mit einem Tortenring umschließen. Das Birnenmus darauf verteilen. Den zweiten Boden auflegen, nach Belieben mit dem Birnenschnaps tränken und ein Viertel der Creme darauf verteilen. Drei weitere Böden mit je einem Viertel der Creme bestreichen. Torte zusammensetzen und mit dem Pinienkern-Boden abschließen. Die Torte mindestens 4 Std. kalt stellen, dann den Tortenring entfernen und die Torte mit etwas Puderzucker bestäubt servieren.

DIE KLASSIKER & DAUERBRENNER – SÜSSE VERSUCHUNG SCHICHT FÜR SCHICHT

Unvergleichlich die sahnig-fruchtige Schwarzwälder Kirschtorte oder der Traum für Schokoladenfans: die Schokosahne mit feiner Schokolade im Biskuit und in der Füllung. Für diesen Genuss müssen Sie schon ein bisschen Zeit investieren – aber es lohnt sich auf jeden Fall, denn das Ergebnis begeistert alle und krönt Sie zum Torten-Künstler!

1
2
3

Rübli-Torte de Luxe

Klassiker im edlen Gewand | *Zubereitung: ca. 1 Std.* | *Backen: ca. 50 Min.*

Für 1 Springform von 24 cm Ø (12 Stücke)

Für den Teig:

200 g Möhren
50 g weiche Butter
150 g Zucker | Salz
4 Eier (Größe M)
150 g gemahlene Mandeln
200 g Mehl
1 Päckchen Backpulver
1/2 TL frisch gemahlene Muskatnuss
1/2 TL Zimtpulver
abgeriebene Schale von 1 Bio-Orange
200 g frische Ananas

Für die Füllung und die Garnitur:

2 große, lange Möhren
150 g Zucker
1 Grundrezept Frischkäse-Buttercreme (Rezept s. S. 14)

Außerdem:

weiche Butter für die Form

Clever dekorieren

Die Torte kann zusätzlich mit **1 EL gehackten Pistazien** bestreut und mit **etwas Puderzucker** bestäubt werden.

1 Den Boden der Form mit Backpapier auslegen. Den Backofen auf 180° vorheizen. Für den Teig die Möhren schälen und fein raspeln. Butter mit Zucker und 1 Prise Salz in einer Schüssel mit den Quirlen des Handrührgeräts verrühren. Die Eier nach und nach unterrühren. Die Mandeln mit Mehl, Backpulver, Muskatnuss, Zimt und Orangenschale mischen und zügig unter die Eiermasse rühren.

2 Das Ananasstück schälen und vom harten Strunk befreien. Das Fruchtfleisch klein würfeln und mit den Möhren unter den Teig rühren. Den Teig in die Form füllen, glatt streichen und im heißen Ofen (Mitte, Umluft 160°) ca. 50 Min. backen. Den fertigen Boden herausnehmen, 5 Min. abkühlen lassen, vorsichtig aus der Form und vom Backpapier lösen, mithilfe eines Tortenhebers auf ein Kuchengitter legen und auskühlen lassen.

3 Inzwischen für die Garnitur die Möhren schälen und mit einem Gurkenhobel längs in lange dünne Streifen hobeln (**Bild 1**). 300 ml Wasser mit dem Zucker in einer breiten Pfanne aufkochen lassen. Die Möhrenstreifen darin ca. 8 Min. bei schwacher Hitze köcheln lassen, dann herausnehmen, abtropfen und abkühlen lassen.

4 Die Frischkäse-Buttercreme wie im Grundrezept auf Seite 14 beschrieben zubereiten. Den Tortenboden einmal quer durchschneiden, den unteren Boden auf eine Tortenplatte legen und mit einem Drittel der Creme bestreichen. Oberen Boden auflegen und die Torte rundherum mit der restlichen Creme bestreichen. Die Möhrenstreifen wie Geschenkband über die Torte legen (**Bild 2**), sodass sie wie eingepackt aussieht. Zwei oder drei Möhrenstreifen zu einer Schleife drehen (**Bild 3**) und auf die Tortenmitte legen.

Schwarzwälder Kirschtorte

der deutsche Klassiker | *Zubereitung: ca. 1 Std.* | *Backen: ca. 35 Min.* | *Kühlen: mind. 1 Std.*

Für 1 Springform von 24 cm Ø (12 Stücke)

Für den Teig:

1 Grundrezept Schokoladenbiskuit (Rezept s. S. 9)

Zum Tränken:

4 EL Kirschwasser (nach Belieben)

Für die Füllung und die Garnitur:

1 Glas Sauerkirschen (175 g Abtropfgewicht)
1 Päckchen Vanillepuddingpulver
750 g Sahne
3 Päckchen Sahnesteif
2 EL Puderzucker
40 g Schokoladenraspel
12 Belegkirschen

1 Den Schokoladenbiskuit wie im Grundrezept auf Seite 9 beschrieben backen und auskühlen lassen.

2 Den Biskuit zweimal quer durchschneiden (s. S. 82, Bild 1). Die Böden nach Belieben mit Kirschwasser beträufeln. Unteren Boden auf eine Tortenplatte legen und mit einem Tortenring umschließen.

3 Für die Füllung die Kirschen in ein Sieb abgießen und abtropfen lassen, dabei den Saft auffangen. 3 EL Saft mit dem Puddingpulver verrühren. Restlichen Kirschsaft in einem Topf erhitzen, das angerührte Puddingpulver unterrühren und aufkochen. Die Kirschen untermengen. Die Kirschgrütze abkühlen lassen und anschließend auf den unteren Boden streichen.

4 Die Sahne mit Sahnesteif und Puderzucker steif schlagen und vierteln. Ein Viertel auf die Kirschen streichen. Zweiten Boden auflegen. Ein weiteres Sahneviertel darauf verteilen. Letzten Boden auflegen. Die Torte mindestens 1 Std. kalt stellen. Kurz vor dem Servieren den Tortenring entfernen, die Torte mit der restlichen Sahne bestreichen, dabei etwas Sahne übrig lassen. Die Torte mit Schokoraspeln bestreuen. Die restliche Sahne in einen Spritzbeutel mit Sterntülle füllen und zwölf Tupfen auf die Torte spritzen. Auf jeden Tupfen 1 Belegkirsche setzen.

Clever dekorieren

Schokoraspel können Sie auch selbst herstellen. Dafür mit einem Sparschäler, wie auf Seite 36 in Bild 3 abgebildet, Locken von einem Block Schokolade schälen.

Tiramisu-Torte

Italien auf der Kaffeetafel | *Zubereitung: ca. 45 Min.* | *Backen: ca. 30 Min.* | *Kühlen: mind. 3 Std.*

Für 1 Springform von 26 cm Ø (16 Stücke)

Für den Teig:

3 Eier (Größe M)
Salz | 90 g Zucker
3 TL Instant-Kaffeepulver
30 g Speisestärke
60 g Mehl
1 TL Backpulver

Zum Tränken und für den Belag:

100 ml starker Espresso
7 EL Mandellikör (z. B. Amaretto)
125 g Sahne
1 Bio-Zitrone
250 g Magerquark
500 g Mascarpone (ital. Frischkäse)
50 g Puderzucker
2 Päckchen Vanillezucker

Für die Garnitur:

2 EL Kakaopulver zum Bestäuben

1 Den Boden der Form mit Backpapier auslegen. Den Backofen auf 180° vorheizen. Für den Teig die Eier trennen und die Eiweiße mit 1 Prise Salz und 30 g Zucker steif schlagen. Eigelbe mit Instant-Kaffeepulver, dem restlichen Zucker und 3 EL lauwarmem Wasser in ca. 8 Min. mit den Quirlen des Handrührgeräts dickschaumig schlagen. Den Eischnee auf die Eigelbmasse geben und die Stärke mit dem Mehl und dem Backpulver darübersieben. Alles mit einem Spatel vorsichtig unterheben.

2 Den Teig in die Form füllen, glatt streichen und im heißen Ofen (Mitte, Umluft 160°) 25–30 Min. backen. Den fertigen Biskuit herausnehmen, 5 Min. abkühlen lassen, vorsichtig aus der Form lösen, auf ein Gitter stürzen und das Backpapier abziehen. Den Espresso zum Tränken mit 2 EL Mandellikör verrühren, Biskuitboden damit beträufeln, diesen auskühlen lassen und dann auf eine Tortenplatte legen.

3 Für den Belag die Sahne steif schlagen. Die Zitrone heiß waschen, trocken reiben und die Hälfte der Schale fein abreiben. Quark, Mascarpone, Puder- und Vanillezucker mit dem restlichen Mandellikör und der Zitronenschale aufschlagen. Die Sahne vorsichtig unterheben und die Creme kuppelförmig auf den Biskuit streichen, dabei den Tortenrand mit einstreichen. Mit einem nassen Esslöffel kleine Vertiefungen in die Creme drücken. Die Torte mindestens 3 Std. kalt stellen. Vor dem Servieren die Tortenoberfläche mit dem Kakaopulver bestäuben.

Donauwellen-Torte

mein Favorit aus Kindertagen | *Zubereitung: ca. 50 Min.* | *Backen: ca. 35 Min.* | *Kühlen: mind. 2 Std.*

Für 1 Springform von 26 cm Ø (16 Stücke)

Für den Teig:

1 Vanilleschote
125 g weiche Butter
125 g Zucker
3 Eier (Größe M)
175 g Mehl
2 TL Backpulver | Salz
1 EL Kakaopulver
1 EL Sahne
500 g TK-Sauerkirschen

Für die Buttercreme:

450 ml Milch
1 Päckchen Vanille-puddingpulver
50 g Zucker
150 g weiche Butter

Für die Garnitur:

100 g Zartbitterschokolade (70 % Kakaogehalt)

1 Den Boden der Form mit Backpapier auslegen. Den Backofen auf 180° vorheizen. Für den Teig die Vanilleschote längs halbieren und das Mark mit einem Messer herauskratzen (s. S. 102, Bild 1). Vanillemark, Butter und Zucker mit den Quirlen des Handrührgeräts hellcremig rühren, bis sich der Zucker ganz aufgelöst hat. Die Eier nach und nach unterrühren. Das Mehl mit Backpulver und 1 Prise Salz zügig unter die Butter-Ei-Masse arbeiten.

2 Die Hälfte des Teigs in die Form füllen. Kakao und Sahne unter den restlichen Teig rühren und diesen auf den hellen Teig streichen. Die gefrorenen Kirschen darauf verteilen und mit einem Löffel etwas in den Teig drücken. Den Kuchen im heißen Ofen (Mitte, Umluft 160°) ca. 35 Min. backen, herausnehmen und ca. 5 Min. abkühlen lassen. Dann aus der Form und vom Backpapier lösen und mithilfe eines Tortenhebers auf ein Gitter legen. Auskühlen lassen.

3 Für die Buttercreme 6 EL Milch mit Puddingpulver und Zucker verrühren. Restliche Milch mit der ausgekratzten Vanilleschote in einem Topf aufkochen. Angerührtes Puddingpulver einrühren und einige Male aufpuffen lassen. Pudding zimmerwarm abkühlen lassen, ab und zu umrühren, damit sich keine Haut bildet. Vanilleschote entfernen. Butter mit den Quirlen des Handrührgeräts cremig rühren, dabei esslöffelweise den Pudding unterrühren. Den Boden auf eine Platte legen und die Creme daraufstreichen.

4 Für die Garnitur die Schokolade grob hacken und in einen Gefrierbeutel geben. Diesen gut verschließen und die Schokolade in einem heißen Wasserbad schmelzen. Eine kleine Ecke vom Gefrierbeutel abschneiden und feine Schokostreifen über die Creme ziehen, sodass ein Graffiti-Muster entsteht (s. Bild S. 13). Die Torte mindestens 2 Std. kalt stellen.

Clever zubereiten

Damit die **Buttercreme** nicht gerinnt, müssen der Pudding und die Butter die gleiche Temperatur – Zimmertemperatur – haben.

Friesentorte

nicht nur für Nordlichter | *Zubereitung: ca. 1 Std. 30 Min.* | *Backen: ca. 50 Min.* | *Kühlen: ca. 3 Std.*

Für 1 Springform von 24 cm Ø (12 Stücke)

Für den Teig und die Streusel:

410 g Mehl
1 TL Backpulver | Salz
2 Päckchen Vanillezucker
150 g Crème fraîche
275 g kalte Butter
75 g Zucker
1/2 TL Zimtpulver

Für den Belag und die Garnitur:

750 g Zwetschgen (ersatzweise Pflaumen)
75 g Zucker
1 Zimtstange
1 Sternanis
2 EL Speisestärke
400 g Sahne
2 Päckchen Sahnesteif
Mark von 1 Vanilleschote
60 g Walnusskerne
Puderzucker zum Bestäuben

Außerdem:

Mehl für die Arbeitsfläche

1 Für den Teig 250 g Mehl, Backpulver, 1 Prise Salz, Vanillezucker, Crème fraîche und 175 g Butter mit den Händen zu einem glatten Teig verkneten, abgedeckt ca. 2 Std. kalt stellen. Restliches Mehl, Zucker, Zimt und restliche Butter mischen und mit den Händen zu kleinen Streuseln zerkrümeln (s. S. 110, Bild 2), kalt stellen.

2 Für den Belag die Zwetschgen waschen, halbieren, entsteinen, klein würfeln und mit Zucker, Zimt und Anis in einem Topf bei mittlerer Hitze ca. 5 Min. köcheln. Stärke mit 3 EL Wasser verrühren, dazugeben, das Kompott nochmals aufkochen, dann abkühlen lassen. Gewürze entfernen.

3 Den Backofen auf 200° vorheizen. Den Teig vierteln und auf etwas Mehl zu vier Kreisen von je ca. 24 cm Ø ausrollen (s. S. 62, Bild 1). Mit der Springform genau ausstechen. Je einen Boden auf einen Backpapierbogen legen und mit einer Gabel mehrfach einstechen (s. S. 62, Bild 3). Streusel auf den Böden verteilen, leicht andrücken. Anschließend die Böden mit Papier auf Backbleche legen und nacheinander im heißen Ofen (unten, Umluft 180°) ca. 13 Min. backen. Einen Boden noch warm in zwölf gleich große Stücke schneiden, alle vier Böden auskühlen lassen.

4 Sahne mit Sahnesteif und Vanillemark steif schlagen. Walnüsse mittelgrob hacken. Einen ganzen Boden auf eine Platte legen, mit einem Tortenring umschließen und mit einem Drittel des Kompotts bestreichen. Walnüsse darüberstreuen und ein Drittel der Sahne darauf verteilen. In dieser Reihenfolge restliche ganze Böden, restliches Kompott und restliche Sahne einschichten. Geteilten Boden auf die letzte Sahneschicht legen. Torte ca. 1 Std. kalt stellen. Tortenring entfernen. Torte mit Puderzucker bestäuben und mit einem elektrischen Messer in Stücke schneiden.

1

2

3

Rumbombe

Muttis Renner auf der Tortentafel | *Zubereitung: ca. 1 Std.* | *Backen: ca. 35 Min.* | *Kühlen: ca. 4 Std.*

Für 1 Springform von 24 cm Ø (12 Stücke)

Für den Teig:

1 Grundrezept Biskuittorte (Rezept s. S. 8)

Für den Belag:

4 EL Aprikosenkonfitüre
7 EL Rum
1 Grundrezept Vanille-Buttercreme (Rezept s. S. 14)

Für die Garnitur:

50 g Mandelstifte
200 g Zartbitterschokolade (70 % Kakaogehalt)
1 EL neutrales Öl

1 Die Biskuittorte wie im Grundrezept auf Seite 8 beschrieben backen, auskühlen lassen und dann zweimal quer durchschneiden (**Bild 1**). Für den Belag die Konfitüre mit 2 EL Rum verrühren, auf den unteren Boden streichen und diesen beiseitestellen. Die übrigen Böden ca. 2 cm groß würfeln und in eine Schüssel geben. Den restlichen Rum mit 4 EL Wasser mischen und die Biskuitwürfel damit tränken.

2 Die Vanille-Buttercreme wie im Grundrezept auf Seite 14 beschrieben zubereiten. Die getränkten Biskuitwürfel mit einem Spatel unter die Buttercreme heben. Eine kuppelförmige Schüssel mit 24 cm Ø mit Frischhaltefolie auslegen. Die Butter-Biskuit-Creme einfüllen, glatt streichen (**Bild 2**), den Boden mit der bestrichenen Seite nach unten auflegen und etwas andrücken. Die Torte ca. 2 Std. kalt stellen.
Wer keine passende Schüssel besitzt, kann die Creme auch kuppelförmig auf den Biskuitboden streichen.

3 Für die Garnitur die Mandelstifte in einer Pfanne ohne Fett goldgelb rösten. Abkühlen lassen. Die Schokolade grob hacken und über einem heißen Wasserbad schmelzen (s. S. 56, Bild 1). Dann das Öl unterrühren. Ein Gitter auf einen Bogen Backpapier oder ein Blech stellen. Die Torte auf das Gitter stürzen, Folie abziehen und die Kuppel mit der Schokolade überziehen (**Bild 3**). Sofort mit den Mandelstiften bestreuen. Die fertige Rumbombe nochmals ca. 2 Std. kalt stellen, dann auf eine Tortenplatte legen und servieren.

Clever variieren

Wer keinen Alkohol mag, kann den Rum durch die gleiche Menge **Orangensaft** ersetzen. Für den typischen Rumgeschmack sorgt ein Fläschchen **Rumaroma,** das aber keinen Alkohol enthält.

Käsesahne-Torte

für große und kleine Feinschmecker

Zubereitung: ca. 50 Min. | Backen: ca. 20 Min. | Abkühlen: ca. 30 Min. | Kühlen: mind. 3 Std.

Für 1 Springform von 24 cm Ø (12 Stücke)

Für den Teig:

1 Grundrezept Blitz-Biskuit (Rezept s. S. 8)

Für die Füllung:

6 Blätter weiße Gelatine
1 Bio-Zitrone
200 ml Milch
120 g Zucker
4 Eigelb (Größe M)
400 g Sahne
400 g Magerquark

Für die Garnitur:

Puderzucker zum Bestäuben
essbare Blüten je nach Saison (nach Belieben)

1 Blitz-Biskuit wie im Grundrezept auf Seite 8 beschrieben backen und auskühlen lassen.

2 Für die Füllung die Gelatine nach Packungsangabe in kaltem Wasser einweichen. Zitrone heiß waschen, trocken reiben, Schale fein abreiben und den Saft auspressen. Milch, Zucker und 2 TL Zitronenschale in einem Topf aufkochen, vom Herd nehmen. Die Eigelbe mit 4 EL heißer Milch in einer hitzebeständigen Schüssel mit den Quirlen des Handrührgeräts hellschaumig schlagen. Nach und nach die heiße Milch unter die Eigelbmasse rühren. Die Schüssel über ein heißes Wasserbad setzen (s. S. 102, Bild 2), sodass der Schüsselboden das Wasser nicht berührt, und mit den Quirlen des Handrührgeräts weiterrühren, bis die Creme etwas andickt. Gelatine gut ausdrücken und in der warmen Creme auflösen. Diese anschließend durch ein Sieb in eine Schüssel gießen und ca. 30 Min. abkühlen lassen.

3 Die Sahne steif schlagen. Quark und 4 TL Zitronensaft verrühren und unter die Creme rühren. Die Sahne mit einem Spatel unterheben.

4 Den kalten Biskuit einmal quer durchschneiden. Den unteren Boden auf eine Tortenplatte legen und mit einem Tortenring umschließen. Quarkcreme einfüllen. Zweiten Boden in zwölf Stücke schneiden und auflegen. Die Torte mindestens 3 Std. kalt stellen.

5 Tortenring entfernen. Tortenoberfläche mit Puderzucker bestäuben – nach Belieben mit Muster (s. Clever dekorieren) – und eventuell mit einigen Blüten dekorieren.

Clever dekorieren

Dekorschablonen (aus Papier oder Plastik), schöne großblättrige **Blüten** (z. B. Margeriten) oder **Efeublätter** auf die Torte legen und die Oberfläche mit Puderzucker bestäuben. Schablonen und Blüten bzw. Blätter entfernen.

Sacher

Sachertorte

Wiener Liebling | *Zubereitung: ca. 40 Min.* | *Backen: ca. 1 Std.* | *Ruhen: mind. 2 Std.* | *Kühlen: mind. 3 Std.*

Für 1 Springform von 24 cm Ø (12 Stücke)

Für den Teig:

130 g Zartbitterschokolade (70 % Kakaogehalt)
1/2 Vanilleschote
6 Eier (Größe M) | Salz
130 g weiche Butter
110 g Zucker
130 g Mehl

Für die Füllung und die Garnitur:

200 g Aprikosenkonfitüre
200 g Zartbitterschokolade (70 % Kakaogehalt)
1 EL neutrales Öl

1 Den Backofen auf 170° vorheizen. Den Boden der Form mit Backpapier auslegen. Für den Teig die Schokolade in Stücke brechen, über einem heißen Wasserbad schmelzen (s. S. 56, Bild 1) und fingerwarm abkühlen lassen. Die Vanilleschote längs halbieren, das Mark mit einem Messer herauskratzen (s. S. 102, Bild 1). Die Eier trennen. Eiweiße mit 1 Prise Salz steif schlagen. Die Butter mit Zucker und Vanillemark mit den Quirlen des Handrührgeräts hellcremig rühren, bis sich der Zucker ganz aufgelöst hat. Zuerst die Eigelbe nach und nach unterrühren, dann die abgekühlte Schokolade. Den Eischnee zusammen mit dem gesiebten Mehl vorsichtig mit einem Spatel unter die Buttermasse mengen.

2 Den Teig in die Form füllen, glatt streichen und im heißen Ofen (Mitte, Umluft 150°) ca. 45 Min. backen. Dann ca. 15 Min. im ausgeschalteten Ofen ruhen lassen. Den fertigen Kuchen herausnehmen, 5 Min. abkühlen lassen, vorsichtig aus der Form und vom Backpapier lösen, mithilfe eines Tortenhebers auf ein Gitter legen und auskühlen lassen.

3 Für die Füllung und die Garnitur die Konfitüre in einem Topf kurz erwärmen. Die Torte einmal quer durchschneiden. Den unteren Boden mit der Hälfte der Konfitüre bestreichen. Die Torte zusammensetzen, rundherum mit der restlichen Konfitüre einstreichen und diese dann mindestens 2 Std. einziehen lassen.

4 Die Zartbitterschokolade in Stücke brechen und über einem heißen Wasserbad schmelzen (s. S. 56, Bild 1). Mit dem Öl verrühren und fingerwarm abkühlen lassen. Ein Gitter auf einen Bogen Backpapier oder ein Blech stellen. Die Torte darauflegen. Die Schokolade über die Torte gießen (s. S. 82, Bild 3) und rundum glatt verstreichen. Torte vor dem Servieren mindestens 3 Std. kalt stellen.

Clever dekorieren

Nach Belieben können mit dem **Kuchenteiler** auf der fest gewordenen Schokolade zwölf Stücke markiert werden (s. S. 17).

Zuger Kirschtorte

hochprozentiges Prachtstück | *Zubereitung: ca. 1 Std. 20 Min.* | *Backen: ca. 1 Std. 20 Min.* | *Kühlen: mind. 4 Std.*

Für 1 Springform von 24 cm Ø (12 Stücke)

Für den Teig:

1 Grundrezept Blitz-Biskuit (Rezept s. S. 8)
Mark von 1/2 Vanilleschote

Für das Baiser:

3 Eiweiß (Größe M)
Salz | 70 g Zucker
75 g gemahlene Mandeln

Für die Buttercreme:

200 g weiche Butter
170 g Puderzucker
2 Eigelb (Größe M)
2–3 EL Rote-Bete-Saft (Reformhaus)
3 EL Kirschwasser

Für den Sirup:

2 EL Zucker
70 ml Kirschwasser

Für die Garnitur:

50 g Mandelblättchen
Puderzucker zum Bestäuben

1 Den Blitz-Biskuit mit dem Vanillemark wie im Grundrezept auf Seite 8 beschrieben backen und auskühlen lassen.

2 Backofentemperatur auf 110° (Umluft) herunterschalten. Für die Baiserböden Eiweiße mit 1 Prise Salz leicht schlagen, nach und nach den Zucker zugeben und weiterschlagen, bis ein steifer Schnee entstanden ist und die Masse glänzt. Die Mandeln mit einem Spatel unterheben. Zwei Backbleche mit Backpapier belegen und je einen Kreis von 24 cm Ø aufzeichnen (s. S. 98, Bild 1). Baisermasse gleichmäßig darauf verstreichen. Böden im heißen Ofen gleichzeitig ca. 1 Std. backen. Nach 30 Min. Backzeit die Bleche tauschen, damit sie gleichmäßig backen. Böden herausnehmen, auf ein Gitter stürzen, Backpapier abziehen.

3 Für die Creme Butter mit Puderzucker, Eigelben und Saft cremig rühren. Das Kirschwasser unterrühren und die Creme kalt stellen. Für den Sirup 100 ml Wasser mit dem Zucker in einem Topf offen bei starker Hitze in ca. 8 Min. leicht dickflüssig einkochen, auskühlen lassen. Das Kirschwasser dazugeben.

4 Einen Baiserboden auf eine Platte legen, ein Drittel der Buttercreme darauf verteilen. Biskuitboden auflegen, mit Sirup tränken und mit einem Drittel der Creme bestreichen. Zweiten Baiserboden auflegen. Die Torte mit einem Tortenring umschließen und mindestens 4 Std. kalt stellen. Für die Garnitur Mandelblättchen in einer Pfanne ohne Fett goldgelb rösten. Den Tortenring entfernen. Torte rundum mit der restlichen Creme einstreichen und den Rand mit Mandelblättchen verzieren. Torte mit Puderzucker bestäuben und mit einem Messer ein Rhombenmuster einritzen.

Schokosahne

für Schokoholics | *Zubereitung: ca. 45 Min.* | *Backen: ca. 35 Min.* | *Kühlen: mind. 12 Std. + 2 Std.*

Für 1 Springform von 26 cm Ø (16 Stücke)

Für den Teig:

100 g Zartbitterschokolade (70 % Kakaogehalt)
8 Eier (Größe M)
Salz | 200 g Zucker
100 g Mehl
1/2 TL Backpulver

Für die Schokosahne:

500 g Sahne
100 g Zartbitterschokolade (70 % Kakaogehalt)

Zum Tränken:

6 EL Kakaolikör (nach Belieben)

Für die Garnitur:

150 g Zartbitterschokolade (70 % Kakaogehalt)

1 Den Boden der Form mit Backpapier auslegen. Den Backofen auf 180° vorheizen. Für den Teig die Schokolade fein reiben. 6 Eier trennen. Die Eiweiße mit 1 Prise Salz steif schlagen. 2 ganze Eier, Eigelbe und Zucker mit den Quirlen des Handrührgeräts in ca. 10 Min. hellschaumig schlagen. Eischnee auf die Eigelbcreme geben. Mehl und Backpulver darübersieben und alles zusammen mit der geriebenen Schokolade mit einem Spatel locker unterheben.

2 Den Teig in die Form füllen, glatt streichen und im heißen Ofen (Mitte, Umluft 160°) ca. 35 Min. backen. Den fertigen Biskuit herausnehmen, 5 Min. abkühlen lassen, vorsichtig aus der Form lösen, auf ein Gitter stürzen, das Backpapier abziehen und den Boden auskühlen lassen.

3 Für die Schokosahne die Sahne mit der zerkleinerten Schokolade unter Rühren in einem Topf aufkochen, abkühlen lassen und über Nacht in den Kühlschrank stellen.

4 Den Biskuit am nächsten Tag zweimal quer durchschneiden (s. S. 82, Bild 1). Die Böden nach Belieben mit dem Likör tränken. Den unteren Boden auf eine Tortenplatte legen. Die kalte Schokoladensahne steif schlagen. Ein Drittel der Sahne auf den unteren Boden streichen und den zweiten Boden auflegen. Mit dem zweiten Drittel der Sahne bestreichen und den letzten Boden auflegen. Die ganze Torte mit der restlichen Sahne einstreichen. Mit einem Messer oder Sparschäler die Schokolade für die Garnitur in dünne Späne schaben (s. S. 36, Bild 3). Die Torte damit rundherum bedecken. Am Tortenrand die Späne mit einer Palette andrücken. Die Torte vor dem Servieren 2 Std. kalt stellen.

Clever variieren

Manche mögen's heiß – diejenigen können für diese Torte auch **Chili-Zartbitterschokolade** verwenden.

EDEL UND EXTRAVAGANT – AUSGEFALLENE SCHMUCKSTÜCKE MIT FEINEN AROMEN

Hier duftet es nach Rosen, Orangenblüten, Tonkabohnen, Koriander, Anis … Für den besonderen Anlass legt man sich gerne etwas ins Zeug. Aber keine Angst: die kleinen Kunstwerke sind leicht nachzumachen. Diese Torten-Beauties sehen einfach hinreißend aus und ihre Aromen betören die Sinne.

Französische Walnusstorte

gehört zum Savoir-vivre | *Zubereitung: ca. 45 Min.* | *Backen: ca. 40 Min.* | *Kühlen: mind. 12 Std.*

Für 1 Springform von 26 cm Ø (16 Stücke)

Für den Teig:

250 g Walnusskerne
4 Eier (Größe M)
Salz
1 1/2 TL Backpulver
200 g Zucker
1/2 Vanilleschote

Für die Creme:

250 g Sahne
200 g Zartbitterschokolade (70 % Kakaogehalt)
4 TL Instant-Kaffeepulver

Für die Garnitur:

5 EL Zucker
16 Walnusshälften
1 EL Kakaopulver zum Bestäuben

1 Den Boden der Form mit Backpapier auslegen. Den Backofen auf 180° vorheizen. Für den Teig die Walnüsse fein mahlen. Die Eier trennen. Die Eiweiße mit 1 Prise Salz und dem Backpulver steif schlagen. Die Eigelbe und den Zucker mit den Quirlen des Handrührgeräts hellschaumig schlagen. Die Vanilleschote längs halbieren, das Mark mit einem Messer herauskratzen (s. S. 102, Bild 1) und zur Eigelbmasse geben. Walnüsse zusammen mit dem Eischnee vorsichtig mit einem Spatel unter die Eigelbmasse ziehen.

2 Den Teig in die Form füllen und im heißen Ofen (Mitte, Umluft 160°) ca. 40 Min. backen. Dann herausnehmen, 5 Min. abkühlen lassen, vorsichtig aus der Form lösen, auf ein Gitter stürzen, das Backpapier abziehen und den Biskuit auskühlen lassen. Die Sahne mit der zerbröckelten Schokolade und Kaffeepulver unter Rühren aufkochen, abkühlen lassen und über Nacht kalt stellen.

3 Den Tortenboden am nächsten Tag quer halbieren. Den unteren Boden auf eine Tortenplatte legen. Für die Garnitur den Zucker in einem Topf bei mittlerer Hitze karamellisieren. Die Walnusshälften einzeln im Karamell wenden, herausnehmen und zum Abkühlen auf Backpapier legen. Die Schokoladen-Kaffee-Sahne steif schlagen und ein Drittel auf den unteren Tortenboden streichen. Den Deckel auflegen und die Tortenoberfläche sowie den Rand mit der restlichen Sahne bestreichen. Die Oberfläche mit Kakao bestäuben. Zum Schluss die karamellisierten Walnusshälften auf die Torte setzen und nach Belieben mit einem Kuchenteiler 16 Stücke auf der Torte markieren.

Limoncello-Torte

Dialog von zitroniger Frische und herber Schokolade

Zubereitung: ca. 1 Std. 10 Min. | Backen: ca. 1 Std. 10 Min. | Kühlen: mind. 4 Std.

Für 1 Springform von 26 cm Ø (16 Stücke)

Für den Teig:

1 Grundrezept Rührteigböden (Rezept s. S. 11)

Zum Tränken:

5 EL Limoncello (ital. Zitronenlikör)

Für den Guss:

100 g Zartbitterkuvertüre
1 EL neutrales Öl

Für die Buttercreme:

4–6 Bio-Zitronen
375 g weiche Butter
270 g Puderzucker
3 Eigelb (Größe M)

Für die Zitronenchips:

1 große Bio-Zitrone
150 g Zucker

Besonders clever!

Am besten schmeckt die Torte am nächsten Tag, so können sich die Zitrusaromen schön verbinden.

1 Den Rührteig wie im Grundrezept auf Seite 11 beschrieben zubereiten und verbacken. Die Böden mit Limoncello tränken. Für den Guss die Kuvertüre über einem heißen Wasserbad schmelzen (s. S. 56, Bild 1) und mit dem Öl mischen. Einen Boden damit üppig bestreichen – dieser wird später der Tortendeckel – etwas abkühlen lassen.

2 Inzwischen für die Creme die größte Zitrone heiß waschen, trocken reiben und die Schale fein abreiben. Alle Früchte auspressen und knapp 225 ml Saft abmessen. Butter und Puderzucker mit den Quirlen des Handrührgeräts hellcremig rühren. Zunächst Eigelbe und Zitronenschale, dann löffelweise den Zitronensaft unterrühren.

3 Den ersten Teigboden auf eine Tortenplatte legen und dünn mit Buttercreme bestreichen, zweiten Boden daraufsetzen und ebenfalls bestreichen. Diesen Vorgang wiederholen, bis fünf Böden bestrichen sind, dabei ein Drittel der Creme übrig lassen. Den Schokoladenboden auflegen. Den Tortenrand mit der restlichen Creme einstreichen. Die Torte mindestens 4 Std. kalt stellen.

4 Für die Zitronenchips den Backofen auf 150° vorheizen. Die Zitrone waschen, trocken reiben und am besten mit einer Aufschnittmaschine in ca. 2 mm dicke Scheiben schneiden. 100 ml Wasser mit dem Zucker in einer Pfanne aufkochen. Zitronenscheiben portionsweise unter Wenden darin je ca. 3 Min. bei schwacher Hitze köcheln lassen. Auf ein mit Backpapier belegtes Backblech legen, im heißen Ofen (Mitte, Umluft 130°) ca. 20 Min. trocknen lassen. Dann auf einem Gitter auskühlen lassen. Einige Zitronenchips an den Tortenrand setzen und etwas andrücken. Die restlichen Zitronenchips auf die Tortenmitte legen.

1

2

3

Rosen-Litschi-Torte

zarte Baiserböden mit fruchtiger Füllung | *Zubereitung: ca. 50 Min.* | *Backen: ca. 20 Min.*

Für 1 Springform von 24 cm Ø (12 Stücke)

Für das Baiser:

5 Eiweiß (Größe M)
4 EL Rote-Bete-Saft (Reformhaus)
4 TL Rosenblütenwasser (Apotheke)
Salz | 250 g Puderzucker
225 g gemahlene Mandeln

Für die Füllung:

500 g Litschis (ersatzweise 2 Dosen Litschis à 225 g Abtropfgewicht)
250 g Himbeeren
400 g Sahne
2 Päckchen Sahnesteif
2 EL Puderzucker

Für die Garnitur:

Rosenblütenblätter von 2 ungespritzten Rosen
Himbeeren (nach Belieben)
Puderzucker zum Bestäuben

1 Den Backofen auf 140° Umluft vorheizen. Mithilfe der Springform drei Kreise auf je einen Bogen Backpapier zeichnen und je einen Bogen auf ein Backblech legen (**Bild 1**).

2 Für das Baiser die Eiweiße mit Rote-Bete-Saft, Rosenwasser und 1 Prise Salz mit den Quirlen des Handrührgeräts steif schlagen (**Bild 2**). Den Puderzucker daraufsieben und mit den Mandeln mit einem Spatel vorsichtig unterziehen. Baiser in einen Spritzbeutel mit großer Lochtülle füllen und drei Böden kreisförmig auf das Backpapier spritzen (**Bild 3**). Alle drei Böden gleichzeitig im heißen Ofen ca. 20 Min. backen. Die Böden sollten trocken sein, sich aber noch etwas elastisch anfühlen. Dann herausnehmen, umgekehrt auf ein Kuchengitter legen und das Papier vorsichtig abziehen.

3 Für die Füllung die Litschis schälen, entsteinen, klein schneiden und in einem Sieb abtropfen lassen. Himbeeren verlesen. Die Sahne mit Sahnesteif und dem Puderzucker steif schlagen.

4 Einen Baiserboden auf eine Tortenplatte legen, mit dem Springformrand umschließen und den Boden mit der Hälfte der Sahne bestreichen, die Hälfte der Litschis und Himbeeren darauf verteilen. Den zweiten Boden daraufsetzen, Vorgang wiederholen und mit dem letzten Boden abschließen. Den Springformrand entfernen. Die Torte mit den Rosenblütenblättern und eventuell Himbeeren belegen, mit Puderzucke bestäuben und sofort servieren. Die Torte am besten mit einem elektrischen Messer schneiden.

Clever backen

Die Baiserböden können Sie auch im Ofen mit **Ober-/Unterhitze** bei 150° trocknen. Dann müssen Sie die Böden aber einen nach dem anderen backen.

Clever dekorieren

Am besten verwenden Sie Rosen aus dem eigenen Garten. Alternativ sehen auch **andere essbare Blüten,** wie Veilchen oder Gänseblümchen, sehr hübsch aus.

Kaffee-Sambuca-Torte

italienisch inspiriert | *Zubereitung: ca. 1 Std.* | *Backen: ca. 45 Min.* | *Kühlen: mind. 4 Std.*

Für 1 Springform von 24 cm Ø (14 Stücke)

Für den Teig:

300 g festkochende Kartoffeln
50 g Butter
150 g Zartbitterschokolade (70 % Kakaogehalt)
3 EL Instant-Kaffeepulver
4 Eier (Größe M)
Salz | 180 g Zucker
200 g gemahlene Mandeln
40 g Mehl
1 TL Backpulver

Für die Füllung:

400 g Sahne
4 EL Sambuca (ital. Anislikör)
2 Päckchen Sahnesteif

Für die Garnitur:

2 EL Pinienkerne
1 TL Instant-Kaffeepulver zum Bestäuben

Clever variieren

Wer's gerne nussig mag, kann die Torte auch mit mehr gerösteten Pinienkernen bestreuen.

1 Für den Teig die Kartoffeln waschen und mit der Schale in wenig Wasser 20–25 Min. garen. Abkühlen lassen, dann pellen und fein reiben. Den Boden der Form mit Backpapier auslegen. Den Backofen auf 180° vorheizen. Die Butter mit der Schokolade und dem Kaffeepulver in einem Topf bei schwacher Hitze schmelzen. Die Eier trennen. Die Eiweiße mit 1 Prise Salz steif schlagen. Eigelbe mit Zucker und 4 EL warmem Wasser mit den Quirlen des Handrührgeräts hellschaumig schlagen. Kartoffeln mit der Schokoladenmasse unter die Eigelbmasse rühren. Eischnee auf die Eigelbcreme geben. Mandeln, Mehl und Backpulver darübergeben und alles sorgfältig unterziehen.

2 Den Teig in die Form füllen, glatt streichen und im heißen Ofen (Mitte, Umluft 160°) 40–45 Min. backen. Fertigen Boden herausnehmen, 5 Min. abkühlen lassen, vorsichtig aus der Form lösen, auf ein Kuchengitter stürzen, auskühlen lassen. Das Backpapier abziehen und den Boden einmal quer durchschneiden.

3 Für die Füllung die Sahne mit Sambuca und Sahnesteif steif schlagen. Den unteren Boden auf eine Tortenplatte legen und mit drei Vierteln der Sambuca-Sahne bestreichen. Den zweiten Boden auflegen und mit der restlichen Sahne bestreichen. Für die Garnitur die Pinienkerne in einer Pfanne ohne Fett rösten, abkühlen lassen. Die Torte mindestens 4 Std. kalt stellen. Kurz vor dem Servieren die Tortenoberfläche mit den Pinienkernen bestreuen und mit durchgesiebtem Kaffeepulver bestäuben. Die Torte am besten mit einem elektrischen Messer in schmale Stücke schneiden.

1

2

3

Tutti-Frutti-Torte

exotisch | *Zubereitung: ca. 1 Std. 30 Min.* | *Backen: ca. 20 Min.* | *Kühlen: mind. 4 Std.*

Für 1 Springform von 26 cm Ø (16 Stücke)

Für den Teig:

1 Grundrezept Blitz-Biskuit (Rezept s. S. 8)

Für die Creme:

250 g Sahne
8 Blätter weiße Gelatine
1 Vanilleschote
Salz | 1/4 l Milch
4 Eigelb (Größe M)
100 g Puderzucker

Für den Belag:

100 g Erdbeeren
1–2 Pitahayas (Drachenfrüchte; ca. 180 g)
1 Mango
150 g Himbeeren
1 Päckchen klarer Tortenguss
1/4 l Mangosaft

1 Blitz-Biskuit wie im Grundrezept auf Seite 8 beschrieben backen und auskühlen lassen.

2 Für die Creme die Sahne steif schlagen und kalt stellen. Die Gelatine nach Packungsangabe in kaltem Wasser einweichen. Die Vanilleschote längs halbieren, das Mark mit einem Messer herauskratzen (**Bild 1**) und dieses mit der Schote sowie 1 Prise Salz in der Milch aufkochen lassen. Eigelbe und Puderzucker in einer hitzebeständigen Schüssel mit den Quirlen des Handrührgeräts hellschaumig schlagen. Vanilleschote aus der Milch nehmen. Die heiße Milch unter ständigem Rühren nach und nach zur Eigelbmasse geben und diese über einem heißen Wasserbad mit den Quirlen des Handrührgeräts oder einem Schneebesen ca. 12 Min. weiterschlagen (**Bild 2**), bis eine cremige Masse entstanden ist.

3 Die Gelatine ausdrücken und in der warmen Creme auflösen. Die Schüssel in Eiswasser stellen (**Bild 3**) und mit einem Schneebesen die Creme so lange rühren, bis sie kalt ist und zu gelieren beginnt. Dann die Sahne unterheben. Den Biskuit auf eine Tortenplatte legen. Mit einem Tortenring umschließen. Die Creme einfüllen und die Torte ca. 2 Std. kalt stellen.

4 Für den Belag die Erdbeeren waschen, putzen und vierteln. Die Pitahayas längs halbieren und das Fruchtfleisch mit einem Kugelausstecher ausstechen. Die Mango schälen, das Fruchtfleisch erst vom Stein und dann in kleine Spalten schneiden. Himbeeren verlesen. Die vorbereiteten Früchte auf die Tortenoberfläche legen. Tortenguss mit dem Mangosaft nach Packungsangabe zubereiten und esslöffelweise auf den Früchten verteilen. Die Torte weitere 2 Std. kalt stellen.

Cassata-Torte

eine Festtagstorte aus Sizilien

Zubereitung: ca. 50 Min. | Backen: ca. 20 Min. | Marinieren: ca. 30 Min. | Kühlen: mind. 4 Std. 30 Min.

Für 1 Springform von 24 cm Ø (12 Stücke)

Für den Teig:

1 Grundrezept Blitz-Biskuit (Rezept s. S. 8)

Für die Füllung:

100 g gemischte Trockenfrüchte (z. B. Mango, Ananas, Aprikose)
2 Bio-Zitronen
500 g Ricotta (ital. Frischkäse)
2 Päckchen Vanillezucker
6 EL Maraschino (ital. Kirschlikör; ersatzweise Kirschsaft)
100 g kandierte, gewürfelte Früchtemischung

Für die Garnitur:

250 g Sahne
150 g Zartbitterschokolade (70 % Kakaogehalt)
15 Blätter (z. B. Efeu, Rose, Eiche)
50 g kandierte, gewürfelte Früchtemischung

Clever servieren

Die Torte am besten mit einem **elektrischen Messer** schneiden.

1 Blitz-Biskuit wie im Grundrezept auf Seite 8 beschrieben backen und auskühlen lassen. Den Biskuitboden einmal quer halbieren. Den unteren Boden auf eine Platte legen.

2 Für die Füllung die Trockenfrüchte klein würfeln. 1 Zitrone heiß waschen, trocken reiben, die Schale fein abreiben und den Saft beider Früchte auspressen. Die Hälfte des Safts und 3 EL Wasser mit den Trockenfrüchten mischen und ca. 30 Min. marinieren.

3 Den Ricotta mit Vanillezucker, 2 EL Maraschino und Zitronenschale glatt rühren. Marinierte Trockenfrüchte und kandierte Früchte unterheben. Den Tortenboden mit restlichem Zitronensaft und Maraschino tränken. Die Ricotta-Creme daraufstreichen und den zweiten Boden auflegen. Für die Garnitur die Sahne steif schlagen und die ganze Torte damit einstreichen. Diese 30 Min. in den Tiefkühler stellen.

4 Die Schokolade grob hacken und in einen Gefrierbeutel geben. Diesen gut verschließen und die Schokolade in einem heißen Wasserbad schmelzen. Eine kleine Ecke vom Gefrierbeutel abschneiden und zwei Drittel der Schokolade in feinen Streifen über die ganze Torte ziehen (s. Bild S. 13). Die Torte mindestens 4 Std. kalt stellen.

5 Inzwischen für die Schokoladenblätter die Blätter waschen und trocken tupfen. Die restliche flüssige Schokolade in eine kleine Schüssel geben. Mit einem Pinsel je eine Blattseite von innen nach außen mit Schokolade bestreichen. Die Blätter zum Trocknen auf Backpapier legen. Nach dem Erstarren der Schokolade die Blätter sehr vorsichtig von der Schokolade lösen. Die Torte mit den Schokoladenblättern belegen und mit den kandierten Fruchtwürfeln bestreuen.

Crêpes-Torte mit Pfirsichragout

***sommerlich-fruchtig mit Basilikum** | Zubereitung: ca. 2 Std. | Kühlen: mind. 4 Std.*

Für 1 Springform von 20 cm Ø (8–10 Stücke)

Für den Teig:

30 g Butter
1 Bio-Orange | Salz
25 g Speisestärke
3 Eier (Größe M)

Für die Creme:

220 g Sahne
1 Bio-Zitrone
70 ml fruchtiger Roséwein (ersatzweise Pfirsichsaft)
40 g Zucker
2 Eigelb (Größe M)
3 1/2 Blätter weiße Gelatine

Für das Pfirsichragout:

4 reife Pfirsiche
30 ml fruchtiger Roséwein (ersatzweise Pfirsichsaft)
2 Beutel Hibiskustee
3 EL Zucker
10 Blätter Basilikum

Für die Garnitur:

Puderzucker zum Bestäuben
5 Blätter Basilikum

Außerdem:

neutrales Öl zum Braten

1 Für den Teig die Butter schmelzen. Orange heiß waschen, trocken reiben und die Hälfte der Schale fein abreiben. Saft auspressen und 60 ml abmessen. Orangensaft und -schale mit 1 Prise Salz und Stärke glatt rühren. Eier und Butter unterrühren. In einer beschichteten Pfanne nacheinander in wenig Öl fünf Pfannkuchen von ca. 20 cm Ø ausbacken.

2 Für die Creme die Sahne steif schlagen. Die Zitrone heiß waschen, trocken reiben, die Hälfte der Schale fein abreiben, Saft auspressen. Wein mit Zucker, der Zitronenschale und der Hälfte des -safts sowie den Eigelben in eine hitzebeständige Schüssel geben. Über einem heißen Wasserbad mit den Quirlen des Handrührgeräts hellschaumig schlagen (s. S. 102, Bild 2). Vom Wasserbad nehmen, weiterschlagen, bis die Masse kalt ist. Gelatine nach Packungsangabe in kaltem Wasser einweichen, ausdrücken und in einem Topf mit restlichem Zitronensaft auflösen, dann unter den Weinschaum rühren. Wenn dieser zu gelieren beginnt, die Sahne unterheben. Den Springformrand auf eine Tortenplatte legen. Beginnend mit einem Crêpe Creme und Crêpes abwechselnd einschichten, mit einem Crêpe abschließen. Torte mindestens 4 Std. kalt stellen.

3 Inzwischen fürs Ragout Pfirsiche waschen, trocken reiben, halbieren, entsteinen und in feine Spalten schneiden. Wein mit 80 ml Wasser aufkochen, den Tee darin 10 Min. ziehen lassen. Teebeutel gut ausdrücken und entfernen. Flüssigkeit mit einem Viertel der Pfirsiche, Zucker und Basilikum aufkochen. Basilikum entfernen, Kompott pürieren, durch ein Sieb in einen Topf streichen. Restliche Pfirsiche darin ca. 4 Min. bei mittlerer Hitze weich dünsten, das Ragout auskühlen lassen. Den Springformrand entfernen, Torte mit Puderzucker bestäuben. Das Ragout mit Basilikum garniert zur Crêpes-Torte servieren.

Limetten-Kokos-Torte

zarter Karibik-Hauch | *Zubereitung: ca. 50 Min.* | *Backen: ca. 1 Std.*

Für 1 Springform von 26 cm Ø (16 Stücke)

Für den Teig:

Mark von 1 Vanilleschote
125 g weiche Butter
325 g Zucker
4 Eier (Größe M)
150 g Mehl
2 TL Backpulver
2–3 EL Kokoslikör mit Rum (ersatzweise Milch)
Salz | 100 g Kokoschips

Für die Füllung:

4–5 Bio-Limetten
25 g Speisestärke
100 g Zucker
500 g Sahne

1 Den Boden der Springform mit Backpapier auslegen. Den Backofen auf 180° vorheizen. Für den Teig Vanillemark mit der Butter und 125 g Zucker mit den Quirlen des Handrührgeräts hellcremig rühren, bis sich der Zucker ganz aufgelöst hat. Eier trennen und nach und nach die Eigelbe unter die Buttermasse rühren. Mehl mit dem Backpulver darübersieben und zügig unterarbeiten. Kokoslikör unterrühren, sodass eine streichfähige Masse entsteht. Die Hälfte des Teigs in die Form geben und glatt streichen.

2 Eiweiße mit 1 Prise Salz leicht schlagen, dann nach und nach den restlichen Zucker zugeben und weiterschlagen, bis ein steifer Schnee entstanden ist. Die Hälfte des Baisers auf den Teig streichen, mit 50 g Kokoschips bestreuen.

3 Den Boden im heißen Ofen (Mitte, Umluft 160°) ca. 30 Min. backen, bis der Eischnee goldgelb ist. Dann aus dem Ofen nehmen, 5 Min. abkühlen lassen, vorsichtig aus der Form und vom Backpapier lösen, mithilfe eines Tortenhebers auf ein Kuchengitter legen und auskühlen lassen. Aus restlichem Teig, Baiser und restlichen Kokoschips auf die gleiche Art und Weise einen zweiten Boden backen.

4 Inzwischen für die Füllung 1 Limette heiß waschen, trocken reiben und die Schale fein abreiben. Aus den Limetten 120 ml Saft auspressen. Stärke mit Zucker und 3 EL Saft glatt rühren. 1/8 l Wasser und restlichen Limettensaft in einem Topf aufkochen. Angerührte Stärke mit einem Schneebesen unterrühren, aufkochen und aufpuffen lassen. Limettenschale unterrühren, Flammeri vom Herd nehmen, unter gelegentlichem Rühren abkühlen lassen. Sahne steif schlagen und portionsweise unter den kalten Flammeri heben. Einen Boden auf eine Platte legen, Creme daraufstreichen. Zweiten Boden auflegen und die Torte bald servieren.

Clever dekorieren

Als zusätzliche Dekoration eignen sich knusprige **Limettenchips** (s. Rezept Zitronenchips S. 97). Anstatt der Zitrone einfach 1–2 Limetten verwenden.

1

2

3

Rhabarber-Aperol-Torte

bitter-süßer Tortengenuss

Zubereitung: ca. 50 Min. | *Marinieren: mind. 12 Std.* | *Kühlen: ca. 30 Min.* | *Backen: ca. 1 Std.*

Für 1 Springform von 26 cm Ø (16 Stücke)

Für die Füllung:

1 kg Rhabarber
Mark von 1 Vanilleschote
5 EL Aperol (ital. Bitterlikör)
100 g Zucker

Für den Teig und die Streusel:

215 g kalte Butter
180 g Rohrzucker
1 Ei (Größe M)
360 g Mehl
2 TL Backpulver | Salz
100 g gemahlene Mandeln

Für die Garnitur:

2 EL Zucker
100–300 g Erdbeeren (nach Geschmack)
400 g Sahne
2 Päckchen Vanillezucker

Außerdem:

weiche Butter für die Form
Mehl für die Arbeitsfläche

1 Für die Füllung den Rhabarber putzen, waschen, bei Bedarf schälen (**Bild 1**) und in ca. 1 cm große Stücke schneiden. Vanillemark mit Aperol, Zucker und Rhabarber vermischen. Abgedeckt im Kühlschrank über Nacht marinieren.

2 Für den Teig 125 g Butter mit 80 g Zucker, Ei, 250 g Mehl, Backpulver und 1 Prise Salz mit den Händen zu einem glatten Teig verkneten. Abgedeckt ca. 30 Min. kalt stellen. Den Boden der Form mit Backpapier auslegen und den Rand mit etwas weicher Butter einstreichen. Den Backofen auf 180° vorheizen. Zwei Drittel des Teiges auf wenig Mehl zu einem Kreis von ca. 26 cm Ø ausrollen (s. S. 62, Bild 1) und in die Form legen. Aus dem restlichen Teig einen Rand formen (s. S. 62, Bild 2).

3 Rhabarber in einem Sieb abtropfen lassen, die Marinade auffangen. Rhabarber auf dem Teig verteilen. Für die Streusel restliche Butter in einem Topf schmelzen und mit dem restlichen Zucker, Mehl und den Mandeln vermengen. Mit den Fingerspitzen Streusel formen (**Bild 2**) und diese auf dem Rhabarber verteilen. Den Kuchen im heißen Ofen (Mitte, Umluft 160°) 50–60 Min. backen, herausnehmen, 5 Min. abkühlen lassen und vorsichtig aus der Form und vom Backpapier lösen. Mithilfe eines Tortenhebers auf ein Kuchengitter legen und auskühlen lassen.

4 Für die Garnitur die Marinade mit 2 EL Zucker aufkochen, zu ca. 2 EL Flüssigkeit einkochen und abkühlen lassen. Erdbeeren waschen, auf Küchenpapier abtropfen lassen, die Kelche dranlassen. Den Kuchen auf eine Tortenplatte legen. Sahne mit Vanillezucker steif schlagen und auf den Kuchen streichen. Erdbeeren auf die Sahne setzen. Marinade mit einem Löffel darauftäufeln (**Bild 3**).

Cashew-Baiser-Torte mit Kumquats

asiatisch inspirierter Tortentraum | *Zubereitung: ca. 50 Min.* | *Backen: ca. 25 Min.*

Für 1 Springform von 24 cm Ø (12 Stücke)

Für das Baiser:

320 g Cashewnusskerne
8 Eiweiß (Größe M)
350 g Zucker
2 Päckchen Vanillezucker
Salz
2 TL Weißwein- oder Himbeeressig

Für die Füllung:

1 Grundrezept Vanille-Buttercreme (Rezept s. S. 14)
abgeriebene Schale von 1 Bio-Orange
2 EL Orangenlikör (nach Belieben)

Für das Kumquatkompott:

400 g Kumquats
1 Stück frischer Ingwer (2–3 cm)
2–3 EL Zucker

1 Den Backofen auf 160° Umluft vorheizen. Für das Baiser die Cashewnusskerne auf ein Backblech legen, im heißen Ofen (Mitte) in ca. 8 Min. goldgelb rösten, dabei die Nüsse einmal wenden, dann herausnehmen und abkühlen lassen. 1 gehäuften EL beiseitestellen und den Rest fein mahlen. Backofentemperatur auf 140° herunterschalten. Mithilfe der Springform vier Kreise auf vier Bögen Backpapier zeichnen (s. S. 98, Bild 1), jeden Bogen auf ein Backblech legen. Die Eiweiße mit Zucker, Vanillezucker, 1 Prise Salz und dem Essig steif schlagen. Die gemahlenen Nüsse mit einem Spatel vorsichtig unterziehen. Die Masse in einen Spritzbeutel mit großer Lochtülle füllen und vier Böden kreisförmig auf das Backpapier spritzen (s. S. 98, Bild 3) oder mit einem Löffel verstreichen. Die Böden gleichzeitig im heißen Ofen ca. 25 Min. backen. Ofen ausschalten, die Böden darin bei halb geöffneter Tür trocknen lassen.

2 Für die Füllung die Buttercreme wie im Grundrezept auf Seite 14 beschrieben zubereiten. Orangenschale und nach Belieben den Orangenlikör unter die fertige Creme rühren.

3 Für das Kompott die Kumquats waschen, vierteln und entkernen. Ingwer schälen, fein reiben. 100 ml Wasser in einem Topf mit 2 EL Zucker aufkochen. Kumquats und Ingwer darin ca. 10 Min. bei schwacher Hitze offen köcheln lassen, mit Zucker abschmecken und abkühlen lassen.

4 Einen Baiserboden auf eine Tortenplatte legen und mit einem Drittel der Buttercreme bestreichen, zweiten Boden auflegen und wieder bestreichen. Diesen Vorgang nochmals wiederholen und den letzten Boden auflegen. In die Tortenmitte einige Kompottfrüchte legen. Beiseitegestellte Nüsse aufstreuen. Restliches Kompott dazu servieren. Torte mit einem Elektromesser in Stücke schneiden.

Clever backen

Die Baiserböden können Sie auch mit **Ober-/Unterhitze** bei 150 °C trocknen, dann müssen Sie sie aber nacheinander backen.

St.-Tropez-Torte

schmeckt nach Sonne und Orangenblüten

Zubereitung: ca. 40 Min. | Ruhen: mind. 1 Std. 45 Min. | Backen: ca. 25 Min.

Für 1 Springform von 26 cm Ø (16 Stücke)

Für den Teig:

275 g Mehl
190 ml Milch
10 g frische Hefe
40 g Puderzucker | Salz
1 Ei (Größe M)
60 g weiche Butter

Für die Creme:

1/4 l Milch
1 Vanilleschote
1 Ei (Größe M)
1 Eigelb (Größe M)
50 g Zucker
25 g Speisestärke
40 g weiche Butter
100 g Sahne
4 EL Orangenblütenwasser (Apotheke)

Für den Belag:

1 Ei (Größe M)
40 g Hagelzucker
kandierte Orangenscheiben (s. Rezept Zitronenchips S. 97)

Außerdem:

weiche Butter und Mehl für die Form

1 Für den Teig in einer Schüssel 50 g Mehl mit 40 ml Milch und der Hefe vermengen. Restliches Mehl darüberschütten und alles ca. 1 Std. bei Zimmertemperatur stehen lassen. Dann Puderzucker, 2 Prisen Salz, restliche Milch und das Ei mit den Knethaken des Handrührgeräts unterarbeiten. Die Butter unterkneten. Den Teig ca. 10 Min. mit den Knethaken durcharbeiten, bis er elastisch ist.

2 Form buttern und dünn mit Mehl ausstäuben. Den Teig mit einem Spatel in die Form geben, mit leicht bemehlten Händen gleichmäßig hineindrücken, mit einem Geschirrtuch abdecken, nochmals ca. 45 Min. bei Zimmertemperatur gehen lassen. Nach 30 Min. Backofen auf 180° vorheizen.

3 Inzwischen für die Creme die Milch mit der längs halbierten Vanilleschote aufkochen. Von der Herdplatte nehmen und ca. 15 Min. ziehen lassen. Die Schote entfernen. Ei, Eigelb, Zucker und Stärke verrühren und mit einem Schneebesen unter die Milch rühren. Bei mittlerer Hitze nochmals unter Rühren aufkochen lassen, bis eine dicke Creme entsteht. Von der Herdplatte nehmen, die Butter unterrühren und die Creme abkühlen lassen. Die Sahne steif schlagen und zusammen mit dem Orangenblütenwasser unter die Creme ziehen. Diese abgedeckt kalt stellen.

4 Für den Belag das Ei verrühren, den Teig damit bepinseln und mit Hagelzucker bestreuen. Den Teig im heißen Ofen (Mitte, Umluft 160°) in ca. 25 Min. goldgelb backen. Dann herausnehmen, 5 Min. abkühlen lassen, aus der Form lösen, auf ein Kuchengitter legen, auskühlen lassen und einmal quer durchschneiden. Die Creme auf den Boden streichen, Deckel auflegen und die Torte mit einigen kandierten Orangenscheiben dekorieren.

Ananas-Koriander-Torte

für Aroma-Freaks | *Zubereitung: ca. 1 Std.* | *Backen: ca. 20 Min.* | *Kühlen: ca. 2 Std.*

Für 1 Springform von 24 cm Ø (12 Stücke)

Für den Teig:

1 Grundrezept Blitz-Biskuit (Rezept s. S. 8)

Für den Ananas-Flammeri:

1 mittelgroße Ananas (ca. 1 kg)
1 Vanilleschote
300 ml Ananassaft
25 g Speisestärke
30 g Zucker
1 Eiweiß (Größe M)

Für die Garnitur:

300 g Sahne
1 Päckchen Sahnesteif

Für den Korianderzucker:

4–5 dünne Stängel Koriander
1 Stück frischer Ingwer (ca. 2 cm)
abgeriebene Schale von 1/2 Bio-Limette
40 g Zucker

1 Blitz-Biskuit wie im Grundrezept auf Seite 8 beschrieben backen und auskühlen lassen.

2 Für den Flammeri von der Ananas das Grün abschneiden. Die Ananas schälen, dabei die Augen großzügig entfernen, die Frucht längs halbieren und den harten Strunk herausschneiden. Das Fruchtfleisch quer in ca. 2 cm dicke Scheiben schneiden. Vanilleschote längs halbieren, mit dem Ananassaft in einen breiten Topf geben, aufkochen lassen, die Ananasscheiben dazugeben und diese zugedeckt bei schwacher Hitze ca. 5 Min. garen. Ananasscheiben in ein Sieb abgießen, den Saft auffangen. Vanilleschote entfernen. Die Hälfte der Ananasscheiben in kleine Würfel schneiden, die übrigen Scheiben achteln, für die Garnitur beiseitestellen.

3 Dann 1/4 l Ananassaft abmessen und in den Topf zurückgießen. 3 EL Saft abnehmen und mit Stärke und Zucker glatt rühren. Saft zum Kochen bringen und die angerührte Stärke einrühren, unter ständigem Rühren mehrmals aufpuffen lassen. Flammeri abkühlen lassen, dabei gelegentlich umrühren, damit sich keine Haut bildet. Das Eiweiß steif schlagen und mit den klein geschnittenen Ananaswürfeln unter den kalten Flammeri heben.

4 Biskuit einmal quer durchschneiden und den unteren Boden auf eine Tortenplatte legen. Creme darauf verteilen und den Deckel auflegen. Nun für die Garnitur die Sahne mit dem Sahnesteif steif schlagen und die ganze Torte damit einstreichen. Die Ananasachtel auf die Torte legen. Für den Korianderzucker Koriander waschen, trocken schütteln und die Blättchen fein hacken. Ingwer schälen, fein reiben. Koriander, Ingwer und Limettenschale mit dem Zucker mischen und über die Torte streuen. Diese 2 Std. kalt stellen.

Sizilianische Mandeltorte

Mandel meets Marsala | *Zubereitung: ca. 1 Std.* | *Backen: ca. 50 Min.* | *Kühlen: ca. 5 Std.*

Für 1 Springform von 26 cm Ø (16 Stücke)

Für den Teig:

150 g geschälte, gemahlene Mandeln
150 g Mehl | 150 g Zucker
abgeriebene Schale von 1/2 Bio-Zitrone
150 g kalte Butter

Für die Creme:

40 g Speisestärke
4 Eigelb (Größe M)
100 g Zucker | 1/2 l Milch
1 Vanilleschote
2 EL Marsala (sizilianischer Süßwein; ersatzweise roter Traubensaft)
200 g Sahne
2 Päckchen Sahnesteif

Für das Aprikosenkompott:

500 g reife Aprikosen
150 ml Aprikosensaft
3 EL Zucker
2 EL Marsala (ersatzweise roter Traubensaft)
15 Blättchen Zitronenverbene

Außerdem:

Mehl für die Arbeitsfläche
1 EL Puderzucker zum Bestäuben

1 Mandeln, Mehl, Zucker, Zitronenschale und gewürfelte Butter mit den Händen zu einem glatten Teig verkneten. Diesen in Frischhaltefolie gewickelt ca. 2 Std. kalt stellen.

2 Den Backofen auf 200° vorheizen. Teig auf wenig Mehl zu zwei dünnen Kreisen von 26 cm Ø ausrollen (s. S. 62, Bild 1). Zwei Backbleche mit Backpapier belegen, je einen Teigkreis auf jedes Blech legen und nacheinander im heißen Ofen (Mitte, Umluft 180°) je ca. 25 Min. backen. Herausnehmen, einen Boden sofort vorsichtig mit einem scharfen Messer in 16 Stücke schneiden. Böden auskühlen lassen.

3 Für die Creme Stärke, Eigelbe, 60 g Zucker und 100 ml Milch verrühren. Vanilleschote längs halbieren und das Mark mit einem Messer herauskratzen (s. S. 102, Bild 1). Restliche Milch und 40 g Zucker in einem Topf mit Vanillemark und -schote zum Kochen bringen. Eigelbmasse unter ständigem Rühren dazugeben und die Eiermilch bei schwacher Hitze ca. 3 Min. köcheln lassen. Topf vom Herd nehmen, Vanilleschote entfernen, den Marsala unterrühren und die Creme abkühlen lassen. Die Sahne mit Sahnesteif steif schlagen und unter die Creme ziehen.

4 Den ganzen Tortenboden auf eine Platte legen und mit dem Springformrand umschließen. Creme daraufstreichen, mit dem portionierten Boden belegen. Torte mindestens 3 Std. kalt stellen, Springformrand entfernen und die Torte mit Puderzucker bestäuben.

5 Inzwischen fürs Kompott die Aprikosen waschen, halbieren, entsteinen und vierteln. Saft und Zucker erhitzen, Aprikosen hineingeben und ca. 5 Min. bei mittlerer Hitze weich dünsten. Marsala unterrühren. Verbenenblättchen klein schneiden, untermischen. Kompott zur Torte reichen.

Tonkabohnencreme-Torte

exotisch aromatisiert | *Zubereitung: ca. 1 Std. 20 Min.* | *Backen: ca. 35 Min.* | *Kühlen: ca. 2 Std.*

Für 1 Springform von 24 cm Ø (16 Stücke)

Für den Teig:

1 Grundrezept Schokoladenbiskuit (Rezept s. S. 9)

Für die Füllung und die Garnitur:

100 g Mandelblättchen
1 Grundrezept Vanille-Buttercreme (Rezept s. S. 14)
1–1 1/2 Tonkabohnen (Gewürzladen oder Apotheke)
300 g Rote-Johannisbeer-Konfitüre
2 EL Zitronensaft

1 Den Schokoladenbiskuit wie im Grundrezept auf Seite 9 beschrieben backen und auskühlen lassen.

2 Im noch heißen Ofen (Mitte) die Mandelblättchen auf einem Backblech bei 180° (Umluft 160°) in 8–10 Min. goldgelb rösten. Herausnehmen und auskühlen lassen.

3 Inzwischen für die Füllung und die Garnitur die Vanille-Buttercreme wie im Grundrezept auf Seite 14 beschrieben zubereiten. Die Tonkabohnen mit der Muskatnussreibe in die fertige Creme reiben und unterrühren.

4 Den Biskuit zweimal quer durchschneiden (s. S. 82, Bild 1). Den unteren Biskuitboden auf eine Tortenplatte legen. Die Konfitüre mit dem Zitronensaft glatt rühren und auf den Boden streichen. Den zweiten Biskuitboden auflegen. Die Hälfte der Buttercreme daraufstreichen und den letzten Boden auflegen. Die Torte rundherum mit der restlichen Creme einstreichen und mit den gebräunten Mandelblättchen bestreuen. Am Rand die Mandeln mit einer Palette andrücken. Die Torte mindestens 2 Std. kalt stellen.

Tonkabohnen – Info

Die aus Südamerika stammenden Bohnen werden auch »mexikanische Vanille« genannt, was sie ihrem süßen, vanilleähnlichen Geschmack verdanken.

Besonders clever!

Die Torte kann bereits **am Vortag** zubereitet werden, so können sich die Aromen gut verbinden.

Clever dekorieren

Während der Beerensaison kann die Torte mit einigen **Rispen Johannisbeeren** dekoriert werden.

Umrechnungstabelle für Backformen

Backformgröße, die Sie verwenden möchten	Backformgröße, wie im Rezept angegeben									
	18	20	22	24	26	28	30	32	42 x 35	45 x 37
18	1	0,81	0,67	0,56	0,48	0,41	0,36	0,32	0,17	0,15
20	1,23	1	0,83	0,7	0,6	0,51	0,44	0,39	0,21	0,19
22	1,49	1,21	1	0,84	0,72	0,62	0,54	0,47	0,26	0,23
24	1,77	1,44	1,19	1	0,85	0,73	0,64	0,56	0,31	0,27
26	2,08	1,69	1,39	1,17	1	0,86	0,75	0,66	0,36	0,32
28	2,41	1,96	1,62	1,36	1,16	1	0,87	0,77	0,42	0,37
30	2,77	2,25	1,86	1,56	1,33	1,15	1	0,88	0,48	0,42
32	3,15	2,56	2,12	1,78	1,52	1,31	1,14	1	0,55	0,48
42 x 35	5,76	4,68	3,87	3,25	2,77	2,38	2,08	1,83	1	0,88
45 x 37	6,53	5,3	4,38	3,68	3,13	2,7	2,36	2,07	1,13	1

Beispiel: Sie haben eine Backform mit 18 cm Ø, aber im Rezept ist eine Form mit 26 cm Ø angegeben. Jede einzelne Backzutat muss mit 0,48 multipliziert werden. Anstatt z. B. 500 g Mehl müssen Sie nur 240 g nehmen.

Temperatureinstellung bei Gasherden

Die Temperaturangaben bei Gasherden variieren von Hersteller zu Hersteller. Welche Stufe Ihres Herdes der jeweils angegebenen Temperatur entspricht, entnehmen Sie bitte der Gebrauchsanweisung. Bei Elektroherden können die Backzeiten je nach Herd variieren. Bei Kuchen und Torten empfiehlt sich daher immer die Stäbchenprobe (s. S. 6, Garprobe).

Unsere Garantie

Mit dem Kauf dieses Buches haben Sie sich für ein Qualitätsprodukt entschieden. Wir haben alle Informationen in diesem Ratgeber sorgfältig und gewissenhaft geprüft. Sollte Ihnen dennoch ein Fehler auffallen, bitten wir Sie, uns das Buch mit dem entsprechenden Hinweis zurückzusenden. Gerne tauschen wir Ihnen den GU-Ratgeber gegen einen anderen zum gleichen oder zu einem ähnlichen Thema um.

Liebe Leserin und lieber Leser,

wir freuen uns, dass Sie sich für ein GU-Buch entschieden haben. Mit Ihrem Kauf setzen Sie auf die Qualität, Kompetenz und Aktualität unserer Ratgeber. Dafür sagen wir Danke!
Wir wollen als führender Ratgeberverlag noch besser werden. Daher ist uns Ihre Meinung wichtig. Bitte senden Sie uns Ihre Anregungen, Ihre Kritik oder Ihr Lob zu unseren Büchern. Haben Sie Fragen oder benötigen Sie weiteren Rat zum Thema? Wir freuen uns auf Ihre Nachricht!

GRÄFE UND UNZER VERLAG
Leserservice
Postfach 86 03 13
81630 München

Wir sind für Sie da!
Montag–Donnerstag: 8.00–18.00 Uhr
Freitag: 8.00–16.00 Uhr
Tel.: 0180-500 50 54*
Fax: 0180-501 20 54*
E-Mail: leserservice@graefe-und-unzer.de

*(0,14 €/Min. aus dem deutschen Festnetz, Mobilfunkpreise maximal 0,42 €/Min.)

Neugierig auf GU?
Jetzt das GU Kundenmagazin und die GU Newsletter abonnieren.

Wollen Sie noch mehr Aktuelles von GU erfahren, dann abonnieren Sie unser kostenloses GU Magazin und/oder unseren kostenlosen GU-Online-Newsletter. Hier ganz einfach anmelden:
www.gu.de/anmeldung

GRÄFE UND UNZER

Ein Unternehmen der
GANSKE VERLAGSGRUPPE

Die Autorin

Christina Richon ist autodidaktische Köchin und Bäckerin mit Leib und Seele. Bereits mit 12 Jahren begann sie, Rezepte zu entwerfen. 2002 kam dann das »Coming-out« als beste Hobbybäckerin Deutschlands bei »Kaffee oder Tee« (SWR). 2005 wurde sie im Rahmen des ZEIT-Wettbewerbs (Wolfram Siebeck) zur besten Hobbyköchin Deutschlands gekürt und erklomm gleichzeitig den »Koch-Olymp« der ARD. Sie entwickelt Rezepte und kulinarische Konzepte für Zeitschriften, Restaurants und Industrie. Ihr Wissen über Aromen, Gewürze und Kräuter und ihre Erfahrungen als Koch- und Backexpertin gibt sie in ihren Sendungen, Kochkursen und Büchern weiter. Sie ist Mitglied bei der Schweizer »Association des Gourmettes«, der weiblichen Vereinigung für Ess- und Tafelkultur.

Der Fotograf

Essen ist Leidenschaft. Essen zu fotografieren ist Kunst. Die foodartfactory macht mit Leidenschaft aus Essen Kunst. Der Fotograf **Klaus Einwanger** hat seine Passion vor Jahren in der Foodfotografie gefunden. Er setzt Foodthemen in Lifestyle um und schafft eine Atmosphäre, die Lust auf mehr macht. Die Bilder der foodartfactory für Verlage, Redaktionen und internationale Kunden entstehen im eigenen Studio oder an Locations weltweit. Bei der Arbeit an diesem Buch haben ihn tatkräftig unterstützt: **Monika Schuster** (Foodstyling), **Alexandra Holzer** (Styling) und **Anka Köhler** (Foodassistenz).

Bildnachweis: Alle Bilder: Klaus-Maria Einwanger

Titelbildrezept:
Variante der Beeren-Minze-Torte von Seite 49

Syndication: www.jalag-syndication.de

Projektleitung: Stephanie Schönemann

Lektorat: Cora Wetzstein

Korrektorat: Dagmar Reichel

Innenlayout, Typografie und Umschlaggestaltung:
independent Medien-Design, Horst Moser, München

Satz: Knipping Werbung GmbH, Berg/Starnberg

Herstellung: Petra Roth

Reproduktion: Longo AG, Bozen

Druck und Bindung: Printer, Trento

ISBN 978-3-8338-2012-0
1. Auflage 2010

GRÄFE UND UNZER

Ein Unternehmen der
GANSKE VERLAGSGRUPPE